# VENEZUELA : LA RÉVOLUTION N'EST TOUJOURS PAS TÉLÉVISÉE

## CHRONIQUE DE L'ÉLECTION PRÉSIDENTIELLE DE 2024

Achevé dans sa première écriture en décembre 2024 en français, ce livre a été actualisé pour la dernière fois en février 2025 en vue d'une sortie prévue en mai 2025.

ISBN : 979-10-977018-0-2
Dépôt légal : mai 2025

Impression : Libri Plureos GmbH, Friedensallee 273, 22763 Hamburg (Allemagne)

Toutes les photographies et tous les graphiques, sauf mention contraire, sont de l'auteur.
Toutes les citations de sources non-francophones ont été traduites librement par l'auteur.

# VENEZUELA : LA RÉVOLUTION N'EST TOUJOURS PAS TÉLÉVISÉE

## CHRONIQUE DE L'ÉLECTION PRÉSIDENTIELLE DE 2024

**FILIP RISTIC**

## AMPHOLIA, LA MAISON D'ÉDITION DE COHESIA

*Ampholia* est la maison d'édition du *Centre de coopération et d'échange international COHESIA*, créé en 2024.

Avec son siège en France et une portée internationale, *COHESIA* est une plateforme d'action qui cherche à contribuer à la création d'un monde radicalement différent.

*COHESIA* est une réponse au **constat** alarmant que nous faisons sur l'état du monde. Un monde où croissent les inégalités économiques, la maltraitance sociale et les injustices. Un monde où se développent et s'accélèrent les divisions dans et entre les peuples, à travers la multiplication des discours de haine jusqu'aux plus hauts sommets des États dans de nombreux pays.

Un monde surtout, où il n'est pas permis de rester sans agir face à **l'urgence** écologique actuelle. Nous faisons le constat critique d'un modèle de développement porté par l'espèce humaine qui met à mal la survie de l'ensemble du vivant sur la planète, y compris la propre humanité. Nous ne dissocions pas l'urgence écologiste qui s'impose à nous de l'urgence sociale et économique de l'humanité, qui sont intimement liées.

Face à ce constat, *COHESIA* a pour **objectif** de promouvoir activement et concrètement l'intégration et la justice sociale, le développement durable, la protection des biens commun de l'humanité, ainsi que la garantie et l'élargissement universels des droits humains.

*COHESIA* concentre l'ensemble de ses objectifs dans un **idéal** humaniste et émancipateur du monde que nous résumons dans la formule suivante : l'harmonie des êtres humains entre eux et avec la nature.

Nous pensons que l'avènement de cet autre monde que nous appelons de nos vœux est impossible sans aller vers davantage de coopération, de solidarité, de complémentarité et de paix entre les peuples.

À échelle locale, nationale ou internationale, *COHESIA* se construit donc comme une **plateforme** à initiative multiple et partagée, regroupant différents champs et moyens d'actions en constante évolution.

- Éducation et formation à haut niveau
- Observation et accompagnement électoral
- Création et production d'idées
- Conseil international et développement de projets

*COHESIA* s'appuie sur un vaste et puissant **réseau** de collaborateurs à travers le monde, ne se limitant donc à aucune zone géographique.

Nous sommes convaincus que le travail collectif et le soutien mutuel se font toujours au bénéfice de tous. *COHESIA* promeut donc également une politique de **collaboration** et parfois d'alliance avec des institutions et organisations très diverses à travers le monde et à différentes échelles.

Enfin, *COHESIA* est avant tout un **instrument** de la fraternité des peuples à travers le monde, sans laquelle aucun avenir commun et durable n'est envisageable.

**Construisons des ponts !**

# SOMMAIRE

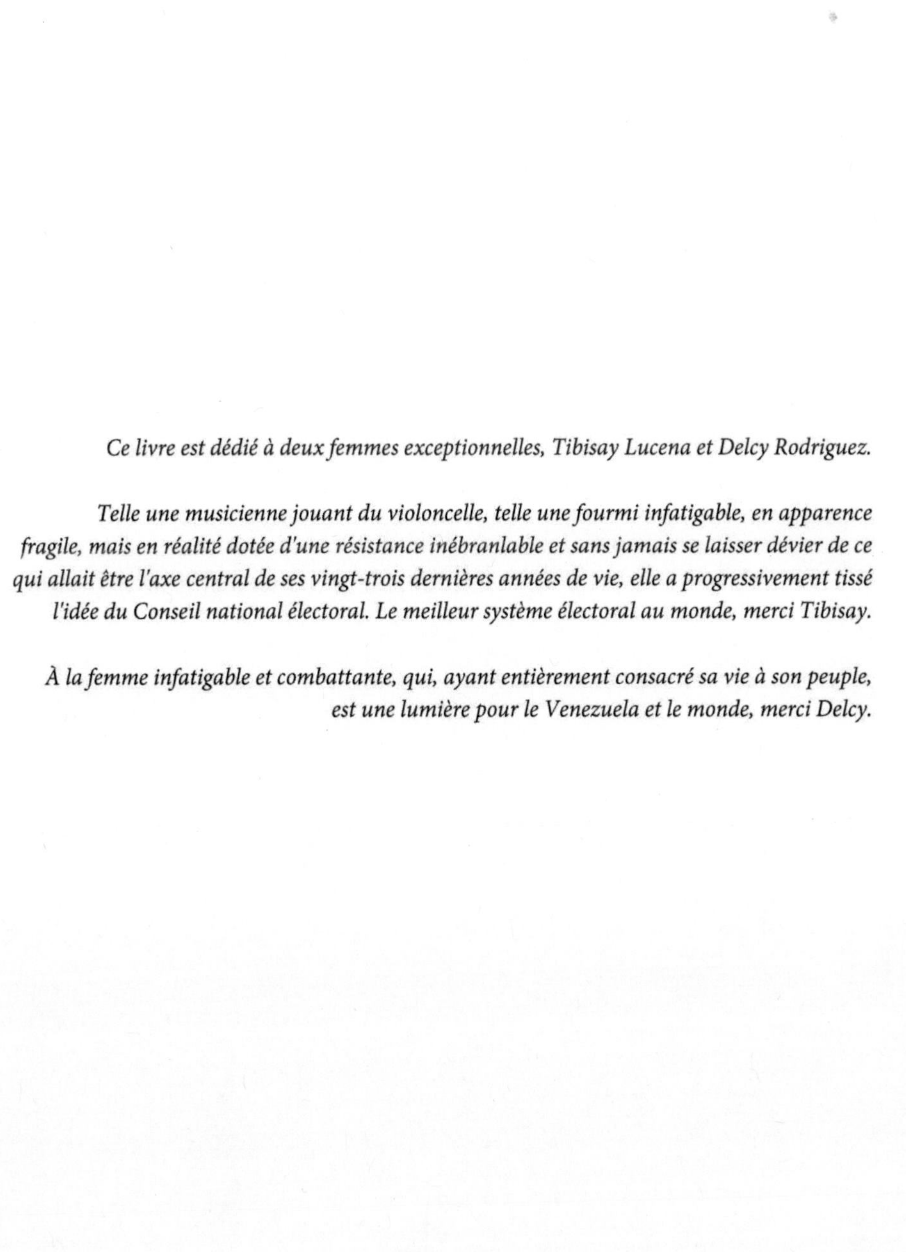

*Ce livre est dédié à deux femmes exceptionnelles, Tibisay Lucena et Delcy Rodriguez.*

*Telle une musicienne jouant du violoncelle, telle une fourmi infatigable, en apparence fragile, mais en réalité dotée d'une résistance inébranlable et sans jamais se laisser dévier de ce qui allait être l'axe central de ses vingt-trois dernières années de vie, elle a progressivement tissé l'idée du Conseil national électoral. Le meilleur système électoral au monde, merci Tibisay.*

*À la femme infatigable et combattante, qui, ayant entièrement consacré sa vie à son peuple, est une lumière pour le Venezuela et le monde, merci Delcy.*

# INTRODUCTION

Christian Rodriguez[1]

Le Venezuela, c'est la première réserve mondiale de pétrole, la quatrième réserve de gaz et d'or, la sixième réserve de diamant, la huitième réserve de fer. On y trouve en abondance de nombreuses autres ressources fondamentales comme l'eau, le charbon, le coltan, l'aluminium, la bauxite, le bois, le cuivre, le nickel et la biodiversité.

Mais le Venezuela, c'est aussi la *Salsa Baúl*, les *tequeños* et *arepas*, le plus grand orchestre du monde, les baies et îles sablonneuses des Caraïbes, les tepuys, les chutes d'eau vertigineuses, y compris les plus hautes du monde. C'est *El Sistema* – le Système national d'orchestres et de chœurs des jeunes et enfants du Venezuela – en accès libre dans tout le pays, avec plus d'un million d'enfants et d'adolescents en bénéficiant annuellement, à travers 1722 groupes orchestraux et 1772 groupes d'initiation musicale.

Quiconque a vécu, connu, partagé avec le peuple vénézuélien, reconnaît ce tissu social historique fait de solidarité humaine – sous-jacente aux relations humaines – qui nous permet de reconnaître comment les Vénézuéliens, au-delà de leurs hostilités et conflits, choisissent un engagement permanent pour la paix.

[1] Directeur de COHESIA Centre de coopération et d'échange international.

Le peuple vénézuélien est un peuple de paix, accueillant, qui se développe avec une attitude de solidarité, joyeuse, festive, si typique des Vénézuéliens. Un peuple qui, face à l'adversité, fait aussi la fête dans les rues du quartier, de la ville, du voisin, en apportant les plats faits maison, de la musique, bien jouée, bien vécue, même pendant la longue panne de 2020. Et malgré la situation économique très difficile causée par l'application des mesures coercitives, par laquelle le pays est passé et qui continue encore à l'affecter, il va de l'avant, devenant aujourd'hui l'une des économies à la plus forte croissance d'Amérique Latine.

Nul ne peut ignorer que ces sanctions font partie de la politique cruelle induite par les États-Unis, à l'unisson de celle qu'ils font subir à Cuba, cherchant à provoquer expressément des pénuries d'aliments, de médicaments, de soins médicaux, et dont l'objectif principal est de semer le chaos et la haine parmi le peuple vénézuélien, afin de *mettre fin à la dictature vénézuélienne*, selon leurs dires.

Qui peut ignorer les violences que les extrémistes de droite ont perpétrées à travers les « *guarimbas* » en 2014, 2017, 2019, dans l'est de Caracas et dans certains quartiers d'autres grandes villes vénézuéliennes ?

Une violence complétée par d'innombrables et vaines tentatives de déstabilisation, allant d'incursions de mercenaires armés comme l'opération *Gideon* en 2020, à l'incitation au soulèvement des militaires comme l'opération « *Liberté* » en 2019, sans oublier les opérations paramilitaires déguisées en aide humanitaire comme lors de la *Bataille des Ponts* au début de l'année 2019. Une violence brutale et débridée, répétée les 29 et 30 juillet 2024, aux lendemains d'une élection présidentielle pourtant calme et pacifique, malgré les plans d'une opposition antidémocratique visant à ne pas en reconnaître les résultats. Et pourtant là s'installe le grand récit international.

Quand sans réfléchir on juge, c'est-à-dire que l'on préjuge, quand à un fait concret on applique mécaniquement un récit impulsé par les dominants du pouvoir médiatique international, de manière quasi obsessionnelle sur leurs réseaux sociaux. On parle ici de l'extrême droite internationale – fasciste, néofasciste ou fascisante – qui répand dans l'inconscient collectif, au détriment de la vérité, l'idée que « le Venezuela est et demeurera une dictature ». Cela en méconnaissant le peuple vénézuélien, un peuple formé politiquement. Cela en effaçant le fait que cette stratégie imposée par les forces dominantes est davantage une réalité virtuelle qui existe seulement dans ses plans et qui est appelée à l'échec, le peuple vénézuélien étant en fin de compte davantage attaché à la paix, en témoigne l'option électorale qu'il a choisi avec son vote souverain.

De cette manière s'est diffusée, à travers ce que l'on appelle la guerre cognitive, une idée préconçue, un préjugé que, sans même savoir où se trouvent ces belles terres sudaméricaines, ils répètent avec obsession pour faire adhérer au récit du Venezuela dictature, du Chavez et Maduro dictateurs.

Le plus insolite est de constater que même le soi-disant « monde progressiste » s'est souvent joint à la diffusion du récit dominant. Une attitude tout aussi critiquable adoptée par certains intellectuels qui se taisent ou se font complices du discours de l'extrême droite qui veut affirmer qu'il existerait une prétendue dictature au Venezuela. Ce sont les mêmes qui restent prisonniers d'un soi-disant paysage intellectuel neutre à la recherche d'un soi-disant équilibre modéré, toujours instable dans la cécité qui cache finalement une incompréhension totale de ce qui se passe au Venezuela.

Un récit qui est propagé sans aucun argument objectivement sérieux, autre que celui que l'Empire nord-américain et ses alliés ont, avec leurs intérêts, pour soumettre le Venezuela et son peuple à leur domination.

Ce livre, publié en espagnol et en français, s'adresse à ceux qui veulent connaître le Venezuela sans préjugés.

Il est une invitation à réfléchir, mieux encore à comprendre le Venezuela dans le contexte géopolitique mondial, et cette invitation s'appuie sur une analyse rigoureusement détaillée des élections présidentielles qui se sont tenues au mois de juillet de l'année 2024, et que nous présente l'auteur.

Il nous raconte des candidats, des aspects politiques et des détails grâce à la présence physique, sur le terrain, d'observateurs internationaux invités par le Conseil national électoral, qui ont participé à l'ensemble du processus électoral et qui ont pu voir et écouter les acteurs de ce processus avec leurs propres yeux et oreilles.

Ce livre partage ce que nous avons observé sur place.

Pour les acteurs politiques que nous sommes, nous n'avons jamais pensé pouvoir nous déclarer neutres, encore moins sur le sujet du Venezuela. Nous avons voulu apporter une contribution à ceux qui ne savent rien ou très peu sur le Venezuela, mais qui savent déjà dans leur esprit qu'ils sont contaminés par l'idée forte que le Venezuela est une dictature avec Maduro pour dictateur. Et cela à partir d'un récit pédagogique détaillé, où l'on interroge l'histoire politique du Venezuela, en racontant les faits politiques et en interprétant les faits confrontés, avec une bibliographie riche et des sources d'information multiples et variées, où l'on cherche à expliquer pour un public curieux et sans préjugés ce qu'est le « cas du Venezuela » et son impact global.

Nous pensons que ceux qui comprennent le Venezuela comprendront certainement ce qui est en jeu dans cette nouvelle ère que nous vivons. Selon nous, ces événements vénézuéliens s'inscrivent dans une dimension plus large de grandes ruptures historiques de l'Occident et de sa relation avec ledit Sud global, témoignant d'une escalade de la guerre médiatique internationale. Peut-être, comme l'affirment également de nombreux auteurs, avons-nous assisté sur le terrain à ce qui pourrait être la première guerre ouverte entre un vieux monde qui touche à sa fin et un nouveau, celui des BRICS, qui a émergé sur la scène mondiale en tant qu'alternative à l'empire dominant dirigé par les États-Unis et ses vassaux de l'Union européenne.

## À propos de l'auteur

Filip Ristic est un jeune historien et politologue français. Né en France de parents yougoslaves, il est issu d'une histoire familiale liée à la Yougoslavie et à la destruction de ce pays, d'où son père émigre au début des années 1990. Il fait sa scolarité et entame ses études universitaires en France.

Dans sa quête de compréhension du monde, il est actif dès son plus jeune âge au sein d'organisations sociales et politiques. C'est ainsi qu'il commence à s'intéresser à l'Amérique latine, découvrant avec grand intérêt les discours de leaders internationaux comme Salvador Allende, Hugo Chavez, Fidel Castro ou le *Che*, s'intéressant plus largement à des pays comme le Venezuela, le Chili et Cuba, qui se transforment en « école de la vie » et sources d'engagement pour changer la société.

C'est là qu'il apprend la langue espagnole, de manière autodidacte, en écoutant les discours et les racontant au lycée, à ses professeurs et à ses camarades, en classe comme au dehors. Avec la connaissance de la langue, il finit par devenir un Latinoaméricain, Yougoslave, Français engagé.

À 16 ans, il alimente déjà un blog sur le site du média français *Mediapart*, où il écrit des articles sur l'Amérique latine, en particulier sur le Venezuela, dans le but de faire comprendre aux Français les réussites de la révolution bolivarienne, sa place dans les luttes émancipatrices, avec ses victoires, ses contradictions et ses défis.

Cela l'a amené à entamer des études supérieures en histoire, qu'il suit de la licence jusqu'au master à la Sorbonne à Paris. Aujourd'hui professeur formé, il poursuit une brillante carrière universitaire en tant que doctorant à l'université *Complutense* de Madrid, sur des thématiques en lien avec la France et l'Amérique latine.

Il a également été très actif dans différents domaines des relations internationales depuis son plus jeune âge, a mené des missions de conseil et des missions d'observation d'élections internationales dans différents pays d'Amérique latine et des Caraïbes.

Jeune militant et cofondateur de *COHESIA*, c'est en qualité d'observateur international qu'il a été convié à participer à des missions électorales, notamment lors de la dernière élection présidentielle vénézuélienne, et a été invité à participer de la rédaction de la présente publication de *COHESIA*, consacrée à cette même élection. *COHESIA* accordant une priorité fondamentale à faire connaître la richesse de la vie démocratique en Amérique latine et ses défis, en particulier au Venezuela.

# CHAPITRE PREMIER

## LES ACCORDS

*Dialogue et négociation : « enfin » une élection au Venezuela !*

L'élection présidentielle du 28 juillet 2024 ne prend pas racine à Caracas mais à Bridgetown, sur l'île de la Barbade, un 17 octobre de l'an 2023. Ce mardi-là, autour d'une table, trois délégations. Celle du gouvernement de la République bolivarienne du Venezuela, emmenée par le président de l'Assemblée nationale, Jorge Rodriguez Gomez. Celle de la *Plateforme Unitaire Démocratique* (PUD), coalition d'opposition représentée ici par un de ses porte-voix, Gerardo Blyde. Enfin, celle du Royaume de Norvège, médiateur dans ce conflit. En marge de la table, d'autres représentants diplomatiques sont également présents, comme ceux des États-Unis, de la Russie, du Mexique, des Pays-Bas et de la Colombie.

Une rencontre entre le gouvernement et (une partie de) l'opposition donc, la troisième en trois ans. Sans même en évoquer le contenu, une question se pose déjà au préalable : pourquoi – si l'on part de l'hypothèse que le Venezuela est une démocratie – gouvernement et opposition ne peuvent pas dialoguer dans leur propre pays ? C'est qu'il y a, en effet, de véritables et profonds problèmes de démocratie au Venezuela.

Dans une démocratie, lorsque le dissensus est réglé par voix électorale, en principe, toutes les parties doivent reconnaître le résultat, si elles estiment que celui-ci est juste et équitable. Cela dans le cadre des lois fixées collectivement. Basique.

Au Venezuela, présidentielle de 2024 inclue, 29 scrutins ont été organisés au niveau national depuis le début de ladite *Révolution bolivarienne*, depuis 1999. Six élections présidentielles, cinq législatives, six régionales, cinq municipales et sept référendums.

Sur ces 29 scrutins, 27 ont vu une majorité se dessiner pour l'option chaviste (du nom du défunt président Hugo Chavez), et deux ont été de claires défaites pour cette dernière. En 2007, 51% des Vénézuéliens votent contre une réforme constitutionnelle proposée par le président Chavez. En 2015, la victoire est encore plus large pour l'opposition, lorsque celle-ci obtient 56,21% des voix aux élections législatives, contre 40,92% pour la coalition emmenée par le président Nicolas Maduro. Une victoire d'autant plus importante qu'elle octroie à l'opposition une large majorité à l'Assemblée nationale, cœur du pouvoir législatif au Venezuela.

Quelles ont été les réactions des vaincus, respectivement les présidents Chavez et Maduro ?

> Je félicite mes adversaires pour cette victoire. […] L'arbitre a parlé. […] Nous reconnaissons la décision qu'a pris le peuple. (Hugo Chavez, le 2 décembre 2007)

> Avec notre morale et notre éthique, nous reconnaissons et acceptons cette défaite. La Constitution et la démocratie ont triomphé. (Nicolas Maduro, le 7 décembre 2015)

Inutile de préciser que les vainqueurs ont célébré et reconnu leurs victoires, évidemment.

Je ne veux pas refaire ici et d'emblée toute l'histoire des oppositions et de la Révolution bolivarienne, mais peut-être est-il important d'évoquer quelques exemples de réactions de vaincus de l'opposition, durant ces 25 dernières années. Peut-être que certains noms réapparaîtront plus tard dans le livre, mais je ne veux rien divulgâcher.

> Nous ne reconnaissons pas la validité de ce processus électoral. Pour nous, il n'y a pas eu d'élection. (Henri Falcon, candidat présidentiel d'opposition arrivé second, perdant, le 20 mai 2018)

> Pour l'instant, nous ne reconnaissons aucun des résultats, nous avons demandé à nos candidats de commencer demain des activités de rue pour soutenir ce que nous annonçons. (Gerardo Blyde, chef de campagne de la coalition d'opposition aux élections régionales, largement battu, le 16 octobre 2017)

> Le perdant aujourd'hui, c'est vous [Maduro]. Nous ne reconnaîtrons pas le résultat des élections tant que chaque vote n'aura pas été recompté. (Henrique Capriles, premier candidat présidentiel d'opposition, perdant, le 15 avril 2013)

> Dans ces conditions, nous ne pouvons pas participer au processus électoral. (Henry Ramos Allup, leader du parti *Action Démocratique*, annonçant avec les autres principaux partis d'opposition boycotter les élections législatives, le 29 novembre 2005)

> Nous, démocrates vénézuéliens, allons fournir aux organisations internationales des preuves très claires et convaincantes [de la fraude présumée]. (Enrique Mendoza, leader de l'opposition partisane du « oui » au référendum révocatoire concernant le mandat du président Chavez, le 16 août 2004)

> Considérant que Hugo Chávez Frías a présenté hier sa démission en tant que Président de la République au Haut Commandement des Forces Armées Nationales. [...] Nous décrétons la formation d'un gouvernement de transition démocratique et d'unité nationale. (Décret Carmona, signé par la plupart des dirigeants de l'opposition, consumant un coup d'État de 48 heures contre le président Hugo Chavez, le 11 avril 2002)

En réalité, on peut continuer avec les citations pendant de longues pages encore. C'est presque systématique depuis 1999. Une partie de l'opposition, plus ou moins grande, conteste les résultats lorsqu'ils ne leur sont pas favorables. J'insiste sur la dernière citation. Il n'a pas fallu attendre la « dictature » de Maduro pour que certaines oppositions se mettent à contester leurs défaites. En témoigne le coup d'État de 2002. Chavez n'était au pouvoir que depuis…trois ans.

On peut donc comprendre que le « dialogue » se fasse moins dans des assemblées que dans des médiations internationales. En tout cas, avec cette opposition-là. Car il y en a une autre, tout aussi légitime et bien présente sur la scène politique nationale, mais mise au silence par les récits médiatiques internationaux. Dans le récit de la « dictature », on ne s'explique pas la dictature avec une opposition qui avalise le système électoral de cette même dictature.

À la Barbade donc, il y a différents types d'opposition autour de la table, mais surtout celle qui n'a peu ou jamais accepté les résultats électoraux la donnant perdante. Là se trouve la *Plateforme Unitaire Démocratique* (PUD), une alliance de partis fondée par un certain Juan Guaido, ex-leader de l'opposition qui s'était auto-proclamé président en janvier 2019, avec la bénédiction de Washington. Le gouvernement Maduro accepte donc, dans un vain espoir de pacification de la vie politique du pays, de négocier avec ceux-là mêmes qui auto-proclamaient il y a peu un gouvernement parallèle. Dans beaucoup de pays, pourtant proclamés « champions de la démocratie », le dialogue se serait peut-être établi, oui, au parloir d'un pénitencier. Passons.

Deux accords sont signés et reconnus par toutes les parties présentes. L'un sur « la promotion de droits politiques et les garanties électorales pour tous »[2], l'autre sur « la protection des intérêts vitaux de la nation »[3]. Point par point, la concernant, l'opposition a violé presque intégralement ces accords jusqu'au jour de l'élection. Comme elle l'avait déjà fait lors des négociations précédentes.

---

[2] Ministry of Foreign Affairs of Norway. (2023, 17 octobre). *Acuerdo parcial sobre la promoción de derechos políticos y garantías electorales para todos.*

[3] Ministry of Foreign Affairs of Norway. (2023, 17 octobre). *Acuerdo parcial para la protección de los intereses vitales de la nación.*

Je vous fais l'économie de la lecture intégrale de ces accords. Il s'agit surtout de garanties électorales mutuelles, propres au bon fonctionnement et à l'organisation d'un scrutin national démocratique. J'en extrais cependant certains passages. Ici du premier accord :

> Demande d'invitation de missions techniques d'observation électoral accordées, inclus l'Union européenne, le Panel d'experts électoraux de l'ONU, l'Union africaine, l'Union interaméricaine des organismes électoraux et la Fondation Carter, avec pour objectif l'observation du processus électoral présidentiel, strictement encadrée par la Constitution, la loi et les accords souscrits avec le Pouvoir électoral. (article 4)
>
> Promotion d'un discours public et un climat politique et social favorable au développement d'un processus électoral pacifique et participatif, sans ingérences extérieures, avec le respect à la citoyenneté, l'autorité électorale, les acteurs politiques, la Constitution et les lois du pays. Les Parties rejettent une quelconque forme de violence en politique, comme à tout type d'actions qui porteraient atteinte à la souveraineté, la paix et l'intégrité territorial du Venezuela. (article 5)
>
> Exhorte tous les acteurs politiques et fonctionnaires publics à respecter et obéir aux normes électorales et aux décisions du Conseil National Électoral durant le déroulement de la campagne. (article 6)
>
> Tous les candidats présidentiels et partis politiques seront autorisés à participer, dans la mesure où ceux-ci respectent les critères établis pour participer à une élection présidentielle, en accord avec ce qui est établi par la loi vénézuélienne. (article 11)
>
> Reconnaissance publique des résultats des élections présidentielles. (article 12)

Par la suite, tous ces points cités précédemment, pourtant élémentaires, ne seront pas respectés par cette même opposition signataire. Nous y ferons référence au fur et à mesure des chapitres de ce livre.

En réalité, à l'instant même de la signature de ces accords, même avec la plus grande des naïvetés, nous aurions pu prédire leur caducité immédiate.

Il fallait lire le second accord, celui sur « la protection des intérêts vitaux de la nation », pour se rendre compte du jeu fourbe et faussé auquel prétendaient jouer les acteurs de l'opposition assis autour de la table.

Voici ce qu'ont accordé les parties :

> Défendre les biens et la propriété de la société Citgo Petroleum Corporation afin de préserver les intérêts vitaux et le patrimoine du peuple vénézuélien. (article 3)
>
> Faire des efforts pour préserver les actifs de la République à l'étranger, ainsi que pour défendre l'intégrité territoriale et la souveraineté nationale du Venezuela. (article 4)

Ah ! *Citgo* ! Vous ne connaissez pas ?

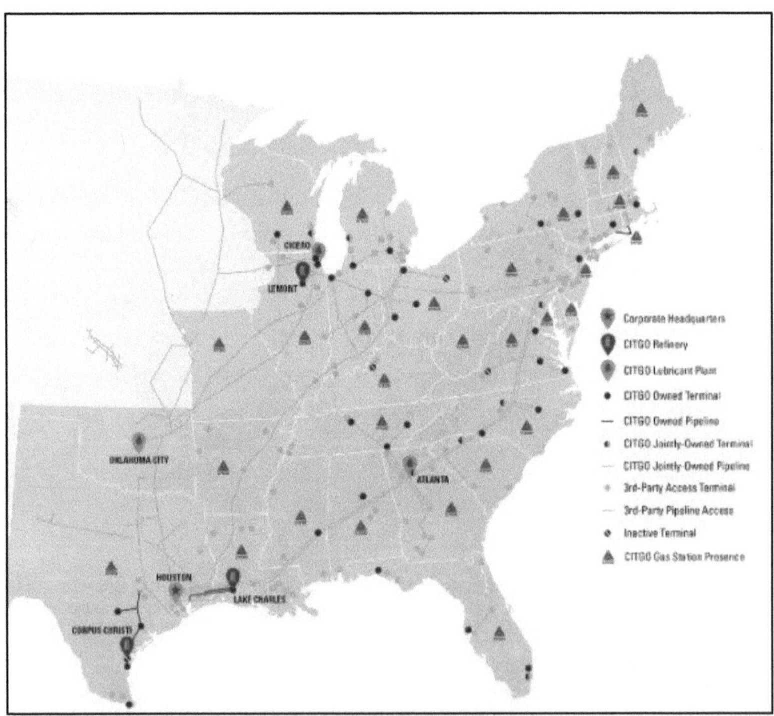


CITGO selon CITGO (site internet)

*Citgo*, c'est la filiale états-unienne de l'entreprise pétrolière publique vénézuélienne, PDVSA.

*Citgo*, ce sont trois raffineries, en Louisiane, au Texas et dans l'Illinois, avec une capacité de raffinage totale avoisinant les 800 000 barils par jour. C'est la moitié de la capacité de raffinage du Venezuela, et l'équivalent de ce que raffine quotidiennement un pays comme la Turquie.[4]

*Citgo*, ce sont aussi 5600 kilomètres de *pipelines*, des terminaux de stockage avec une capacité de 48 millions de barils, environ 4500 stations-service. Une société dont la valeur estimée oscille entre 8 et 10 milliards de dollars.

Pour un pays comme le Venezuela, dont les exportations reposaient – historiquement et jusqu'à il y a peu – à 95% sur le pétrole, *Citgo* est donc un poumon vital.

Pourquoi en parle-t-on à Bridgetown ? Vous vous souvenez de Juan Guaido, l'ex-autoproclamé président du Venezuela et fondateur de la coalition d'opposition présente à la Barbade ? Et bien dans la foulée de son auto-proclamation, en janvier 2019, les États-Unis avaient annoncé le gel de tous les flux financiers de *Citgo* vers sa maison-mère vénézuélienne. Pire encore, en février de la même année, les États-Unis autorisaient l'administration parallèle fantoche de Guaido à nommer un nouveau conseil d'administration, coupant à l'État vénézuélien (le vrai) tous ses actifs pétroliers aux États-Unis. Un véritable acte de piraterie internationale, qui trouve son point d'orgue en octobre 2023 lorsque la Cour du Delaware met aux enchères[5] *Citgo*, consommant le vol.

Ce sont donc les voleurs de *Citgo* – puisqu'il faut nommer un chat un chat – qui signent à la Barbade *la défense des biens et de la propriété de Citgo*. De vrais blagueurs !

Et si seulement la piraterie s'était arrêtée à *Citgo*. Il n'y a pas un pourcent de ce qui a été fait au Venezuela durant la dernière décennie, et encore

---

[4] Energy Institute. (2024). *Statistical Review of World Energy*.

[5] Parraga, M., & McWilliams, G. (2023, 22 juillet). *US court sets Oct. 23 start for Citgo share auction process*. Reuters.

jusqu'à aujourd'hui, que l'on tolèrerait pour un quelconque autre pays souverain.

En 2019, 31 tonnes d'or vénézuélien, stockées à la Banque d'Angleterre, ont été volées au Venezuela et remises à l'administration fantoche de Guaido[6]. Ces réserves dépassant les deux milliards de dollars, dont une partie est aussi sous contrôle de la *Deutsche Bank*, n'ont à ce jour toujours pas été restituées au Venezuela.

En juin 2022, un Boeing 747-300M d'*Emtrasur*, la branche cargo de la compagnie aérienne *Conviasa*, est volé au Venezuela après atterrissage conventionnel en Argentine[7]. Cela sur ordre du Département de la Justice des États-Unis. S'en est suivie la séquestration de l'équipage en territoire argentin, pour certains d'entre eux jusqu'en octobre. Le 12 février 2024, dans un ultime acte d'humiliation et d'intimidation, l'avion est extrait d'Argentine pour faire route jusqu'à Miami, où il est détruit sur le tarmac, sous l'œil attentif de caméras faussement cachées.

Le Département de la Justice doit d'ailleurs avoir une passion pour l'aéronautique puisqu'en septembre 2024, de nouveau sous son ordre, un avion est saisi[8] à l'État vénézuélien en République dominicaine, sous prétexte que son achat violait les sanctions qu'ils avaient eux-mêmes imposées. C'était un avion de la flotte présidentielle, rien que ça.

On pourrait aussi parler de la banque centrale parallèle mise en place par l'opposition Guaido, avec laquelle ont été effectuées, dans l'illégalité la plus totale, des transactions financières au nom de l'État vénézuélien, pour un montant de près de trois milliards de dollars. Sur ce cas, une commission

---

[6] Europa Press. (2023, 30 juin). *Justicia británica rechaza recurso para recuperar el oro de Venezuela en el Banco de Inglaterra.*

[7] Misión Verdad. (2024, 12 février). *Se concreta el robo: Caso Emtrasur, cronología del pillaje.*

[8] Libération avec l'AFP. (2024, 2 septembre). *Les États-Unis saisissent un avion du président vénézuélien Nicolás Maduro.*

d'enquête spéciale a été ouverte en décembre 2024, à l'Assemblée nationale vénézuélienne[9], sur demande du député d'opposition Carlos Melo.

En résumé : je vous vole, mais je signe pour *préserver les actifs de la République à l'étranger.*

En réalité, à la Barbade, le gouvernement vénézuélien en profite pour se jouer de ceux qu'il a en face de lui, menteurs et voleurs éhontés, dont ils prouvent seulement la double morale et l'absence totale de respect de la parole donnée.

Bref, l'ambiance est posée. Le seul et réel interlocuteur qui est en face de la délégation gouvernementale du Venezuela à Bridgetown, ce sont les États-Unis d'Amérique. La négociation réelle est la suivante : laissez-nous favoriser nos pions dans l'opposition vénézuélienne, et nous allégerons les « sanctions » en retour.

Soyons plus précis. Nous n'appelons pas cela des « *sanctions* » mais, dans un langage plus neutre, des *mesures coercitives unilatérales* (MCU). La formule est plus adéquate, bien qu'un peu fastidieuse à prononcer. Une *sanction* est une peine que l'on inflige si des règles communes ne sont pas respectées, et qu'une instance reconnue communément les imposent. Le Venezuela est un pays souverain jusqu'à nouvel ordre, et aucun mandat n'a été donné aux États-Unis ou à l'Union européenne pour lui imposer 1027 « sanctions »[10], essentiellement sous le mandat de Donald Trump. Ce sont donc bien des mesures « coercitives », dans la mesure où elles visent à contraindre et à soumettre ; et « unilatérales », parce que décidées par un seul parti, celui des États-Unis et de leurs fidèles alliés. Parenthèse fermée.

Dans la foulée des accords de la Barbade donc, les États-Unis annoncent un allégement des MCU, en émettant une licence autorisant pour six mois les opérations pétrolières et gazières avec le Venezuela. Une licence qui arrivera vite à expiration.

---

[9] Últimas Noticias. (2024, 27 novembre). *AN investigará a BCV paralelo de Juan Guaidó.*

[10] Globovisión. (2025, 17 janvier). *Sanciones de EEUU a Venezuela aumentaron a más de 1027, afirma viceministro Castillo.*

Les bases de l'élection présidentielle à venir sont donc posées, les acteurs aussi. Enfin presque.

# CHAPITRE II
## LA CANDIDATE

*Que la candidate soit ! Et la candidate ne le fut pas.*

Pour aller à une élection présidentielle, il vous faut un candidat, de préférence avec des chances de gagner. Seulement voilà, cette opposition vénézuélienne porte en elle une contradiction dont il est difficile de sortir si aisément. En tout cas sans le soutien médiatique international dont elle a bénéficié, lui permettant de rendre malléable à souhait la vérité sur ces mêmes contradictions.

Lors de la dernière élection présidentielle, en mai 2018, le chemin tracé était clair. La future opposition de la Barbade – appelons-là ainsi – appelait à boycotter massivement le scrutin.

> Ce 20 mai restera dans l'histoire comme le jour où la dictature a réalisé la plus grande fraude jamais commise dans le monde [...] et c'est pourquoi nous avons décidé de ne pas y participer. (Lester Toledo, de la direction du parti *Voluntad Popular* et proche de Juan Guaido, négociateur par la suite à la Barbade, le 18 mai 2018)

Vous l'aurez compris. Le Venezuela est une « dictature » dont les élections sont des « fraudes », surtout et avant tout lorsque l'on pressent sa défaite auxdites élections. À la lecture du premier chapitre, vous l'aviez déjà intégré.

C'est ainsi que l'opposition boycotta massivement le scrutin, avant d'autoproclamer un gouvernement parallèle, celui de la *farce Guaido*, dont on ne refera pas l'histoire ici. Il est cependant important de comprendre la trame narrative que cela a impliqué. Si vous faites face à une « dictature », dont les élections n'auraient aucune valeur démocratique, dès lors la voie électorale perd tout son sens dans les actions politiques qui sont à votre disposition pour lutter contre ladite dictature.

En 2024, comment s'y prendre pour se réinsérer dans la voie électorale, après avoir épuiser – paraît-il jusqu'au bout – le récit de la dictature, tout en le laissant entrouvert au cas où vous perdriez ? Le tour de magie viendra avec la candidate désignée.

## Curriculum Vitae

Il est temps de vous présenter Maria Corina Machado. « Chaleureuse et volubile, [...] les cheveux bruns parfaitement lissés », « une vie associative en faveur des orphelins » (*Le Point*, 2019), elle est « la dame de fer vénézuélienne » (*The Times*, 2024), « la femme qui défie Maduro » (*Le Figaro*, 2023). « Modérée et conciliante, elle mobilise les masses » et « empêche le président Nicolas Maduro de dormir » (*El Pais*, 2024). « Les gens, hommes, femmes et enfants de toutes classes, se pressent autour d'elle, la serrent dans leurs bras, l'embrassent sur le visage et sur la main. Ils l'appellent "mon amour", "ma reine", [...] ils la voient comme une fille, une mère et une grand-mère. Ils prient Dieu pour elle » (*BBC*, 2024).

Vous vous demandez sûrement quelle est cette femme extraordinaire, semblant tout droit sortie de contes de fées ? Pour l'élection présidentielle de 2024, elle est la nouvelle favorite, après la perte de *leadership* successif dans l'opposition (et la presse internationale) des autres leaders qui l'ont précédée. Guaido avant elle, Lopez et Capriles avant lui, *i tutti cuanti*.

Mais qui est donc cette femme qui « empêche Maduro de dormir » ? A dire vrai, au regard de sa vie et de son parcours politique, on peut se poser la question de savoir si ce n'est pas elle qui a fait quelques insomnies, tant sous la présidence de Nicolas Maduro que de son prédécesseur Hugo Chavez.

Insomnies familiales d'abord. Maria Corina est fille de la bourgeoisie vénézuélienne, toujours du côté est de Caracas, là où résident les « bonnes familles ». Elle est d'abord fille d'Enrique Machado Zuloaga[11], magnat de l'industrie sidérurgique du pays, jadis PDG de *Siderúrgica Venezolana* (*Sivensa*), grand leader de l'acier vénézuélien depuis 1948. En réalité, au-delà de son père, elle est surtout fille d'une illustre famille privilégiée, élite économique et entrepreneuriale du pays, celle des Machado Zuloaga, dont on pourrait remonter l'histoire jusqu'au XVIIIe siècle, au temps de l'esclavage et des colonies. Mais ne soyons pas si durs avec elle. Contentons-nous de l'histoire présente.

En 2000, la famille Machado Zuloaga, actionnaire principal de l'entreprise privée *Electricidad de Caracas*, vend ce géant vénézuélien de l'électricité au consortium états-unien AES, participant à la fameuse « fuite des capitaux » qui a suivi l'arrivée au pouvoir de Chavez en 1999. Une entreprise qui sera nationalisée par ce dernier en 2007, arguant de la nécessité du contrôle par l'État d'un secteur aussi stratégique que celui de l'électricité.

En mai 2009, dans la même logique, le président Chavez annonce la nationalisation des compagnies privées du fer *Venprecar* et *Orinico Iron*, filiales importantes de *Sivensa*…propriété du père Machado. Nationalisation approuvée et signée par le président Maduro en août 2013[12].

---

[11] Lugo, O. (2023, 22 janvier). *¿Quién era Henrique Machado Zuloaga, empresario que apostaba a la creatividad en Venezuela?* El Estímulo.

[12] El Financiero. (2013, 12 août). *Venezuela nacionaliza Venprecar y Orinoco Iron.*

En octobre 2010, Chavez ordonne la nationalisation de *Sidetur*[13], géant de la sidérurgie et…filiale fondamentale de *Sivensa*, du père Machado.

Ne jugeons surtout pas cette personne à l'aune de son *pedigree* familial. Cependant, sommes-nous peut-être en droit d'y voir l'origine d'une certaine rancœur envers ce qui se rapproche de près ou de loin à du chavisme. Si ce n'est une haine viscérale. Jugeons-là sur ses actes donc.

Aux probables insomnies familiales se sont additionnées les insomnies politiques. Elles vont de pair d'ailleurs, si l'on compare les calendriers. En toute objectivité, il semblerait qu'il y ait au moins corrélation – si ce n'est causalité – entre l'engagement politique de Madame Machado et les déboires de l'entreprise familiale, pour l'appeler ainsi. Après tout, Maria Corina Machado a quand même vécu le *Caracazo* de 1989. Vous vous souvenez ? Lorsque le président d'alors, Carlos Andres Perez, voulant imposer un paquet néolibéral du Fond Monétaire International (FMI), fit face à une explosion sociale qu'il réprima dans le sang ? Près de 3000 personnes assassinées sous le coup de la répression. Événement majeur qui a marqué l'histoire du pays et qui a d'ailleurs ouvert la voie à ce qui deviendra le chavisme. Née en 1967, elle avait la vingtaine. Peut-être était-elle encore jeune pour se préoccuper – ou du moins s'indigner – du sort de quelques pauvres, morts pour avoir osés réclamer un peu de dignité ?

Elle aurait pu tout aussi bien s'engager politiquement dans les années 1990, à la trentaine passée ! Après tout, en vingt ans de réformes néolibérales, le Venezuela a vu son taux de pauvreté doubler, passant de 33% en 1975 à plus de 70% en 1995. Le taux de « pauvreté critique » avait lui exploser, passant de 13 à 37% sur la même période[14]. Non plus !

*La politique ne l'avait jamais intéressée, et elle avait été indifférente aux maux économiques et sociaux qui affligent les familles moins fortunées*, admet

---

[13] Pretel, E. A. (2010, 1er novembre). *Chávez nationalizes Venezuelan steel company*. Reuters.

[14] Matías Riutoro. (1999). El Costo de Erradicar la Pobreza. *Un Mal Posible de Superar*, Vol. 1, UCAB.

le *Washington Post*, dans un portrait prématuré et pourtant déjà globalement élogieux que le journal lui dresse en juillet 2004[15].

Nul ne saura donc jamais quelle indignation a provoqué l'entrée en politique de Maria Corina Machado. Était-ce cette phrase du tout fraichement élu président Chavez, devant l'Assemblée constituante de 1999 ?

> En parlant de démocratie et de droits humains, des dirigeants immoraux se sont enrichis pendant qu'un peuple était mis en pièces. (Hugo Chavez, août 1999)

S'est-elle sentie visée ? Avait-elle quelque chose à se reprocher ? à défendre ? à protéger ? Toujours est-il que c'est parti ! Maria Corina, dans un sursaut d'intérêt pour les affaires collectives, débute enfin son engagement en politique, au début des années 2000.

C'est en 2001 que tout commence, « dans un hall d'hôtel à Caracas », nous relate toujours le *Washington Post.* Elle y discute avec Alejandro Plaz, un vieux routard du cabinet de conseil états-unien *McKinsey & Company.* Les deux « s'inquiètent du chemin que prenait le Venezuela ». *J'ai eu ce sentiment troublant que je ne pouvais pas rester à la maison et regarder le pays se polariser et s'effondrer*, dixit madame Machado à propos de cette rencontre. Sans doute bouleversant, on n'en doute pas.

Toujours est-il que les deux co-fondent *Sumate*, une « association civile de défense de la démocratie », dont le but premier est de faire campagne pour la récolte des signatures nécessaires à la convocation d'un référendum révocatoire du mandat présidentiel. Ce type de référendum est alors un nouvel instrument démocratique introduit par Chavez dans la Constitution de 1999, permettant de destituer les élus par le vote. Y compris le président.

Les signatures se faisant difficiles à récolter, le 11 avril 2002, on fait fi des bonnes manières. Un coup d'État est organisé et réussit contre le président Chavez, trois ans seulement après le début de son mandat. Les institutions sont dissoutes, la démocratie suspendue, et un gouvernement provisoire est

---

15 Boustany, N. (2004, 9 juillet). *Signing On To Challenge Hugo Chavez.* The Washington Post.

autoproclamé avec à sa tête le chef du patronat vénézuélien : Pedro Carmona Estanga. Le décret signé par le président putschiste, dissolvant toutes les institutions, l'est aussi par un large panel de personnalités politiques vénézuéliennes allant de la droite à l'extrême droite. Parmi elles, déjà une certaine Maria Corina Machado. Elle dira plus tard qu'elle pensait juste signer un registre d'entrée au palais présidentiel. On se demande bien ce que faisait une opposante à Chavez, durant un coup d'État contre Chavez, au palais présidentiel du président Chavez. En 2005, dans le *New York Times*[16], on apprend qu'elle allait en fait tout simplement « rendre visite à la femme de monsieur Carmona » avec sa mère, car c'est une « amie de la famille ». À la bonne heure !

Malheureusement pour les amis de famille, le coup échoue à la faveur d'une mobilisation populaire et de la loyauté des militaires dupés, restés fidèles aux institutions et au président Chavez, qui revient après 48 heures de *putsch*. Quelques années plus tard, par décret, Chavez amnistiera les signataires du décret Carmona[17]. *Personne ne pourra dire qu'il est un persécuté politique*, affirma alors le président. C'était sans compter sur la détermination de notre chère Maria Corina qui – jusqu'aux événements récents – occupa cependant une place marginale dans l'opposition vénézuélienne.

En 2004, Maria Corina reprend la voie légale, et *Sumate* parvient enfin à réunir les signatures pour la convocation d'un référendum révocatoire. Et c'est la douche froide. Le référendum a lieu et il est une défaite cuisante pour l'opposition. Le « non » l'emporte à près de 60% des suffrages. Maria Corina, avec *Sumate*, entame alors une tradition qui perdure encore jusqu'à aujourd'hui, en dénonçant des possibilités de fraude et de manipulation des

---

[16] Forero, J. (2005, 19 novembre). *The rose that is a thorn in Chávez's side*. The New York Times.

[17] Vdebate. (2008, 4 janvier). *Chávez aprueba decreto de Ley de Amnistía e indulta a 36 venezolanos.*

résultats, à travers un rapport fumeux produit par sa propre ONG[18]. Une élection pourtant validée, à l'époque, par la Fondation Carter et l'Organisation des États Américains (OEA). C'est dire !

L'année qui suit l'élection, en 2005, *Sumate* et sa leader Maria Corina sont accusés par la justice vénézuélienne de « conspiration ». L'association a reçu plusieurs dizaines de milliers de dollars en subvention de la *National Endowment for Democracy* (NED) pour un « travail éducatif non partisan ». L'ambassade états-unienne à Caracas confirme l'information, parlant de 31.000 dollars, mais n'y voit aucun problème[19]. Ah ! la NED ! Financée par le Département d'État – bien que Trump II semble vouloir en finir avec cela – sous la bannière de l'Agence des États-Unis pour le développement international (USAID), qui de mieux qu'Allen Weinstein, un de ses fondateurs, pour nous expliquer de quoi il s'agit ? En 1991, il déclare au *Washington Post* que « bien des choses que la NED fait maintenant étaient faites clandestinement par la CIA 25 ans auparavant »[20].

On ne peut plus clair. D'ailleurs, Maria Corina ne se cache de rien. Dans la foulée des poursuites judiciaires, elle se rend à Washington pour se prendre en photo avec George W. Bush, et s'assurer évidemment de la continuité des entrées nord-américaines à l'opposition vénézuélienne. Elle repart avec 107.000 dollars[21]. Bien que les estimations varient, les montants de l'aide américaine aux ONG d'opposition au Venezuela se chiffrent en plusieurs dizaines de millions de dollars. Principalement par l'intermédiaire de la NED et de l'USAID. Rien qu'entre 2014 et 2024, pour l'USAID, les fonds alloués

---

[18] Haussman, R., & Rigobon, R. (2004, 3 septembre). *Análisis de evidencia estadística del fraude electoral en Venezuela*. Súmate.

[19] U.S. Embassy in Caracas. (2005, 8 juillet). *Sumate Trial Decision: Statement by Tom Casey, Acting Spokesman*.

[20] Sussman, G. (2010). *Branding Democracy: US Regime Change in Post-Soviet Eastern Europe*. Peter Lang. (p. 45).

[21] Forero, J. *op. cit.*

au Venezuela ont été multipliés par 26, passant de 8,09 millions de dollars en 2014 à 211,02 en 2024[22].

De fait, il est possible qu'avec le retour de Donald Trump à la présidence des États-Unis en 2025 et sa volonté de supprimer (entre autres) l'USAID, ces aides indirectes soient restructurées ou supprimées complètement, tant pour la droite vénézuélienne que pour d'autres dans le monde entier. Une situation d'autant plus ironique que Trump décide de lui couper les fonds en reprenant et en critiquant l'histoire fictive que l'USAID s'est créée sur elle-même, celle d'une organisation prétendument et avant tout humanitaire.

Quoi qu'il en soit, il faut reconnaître à Maria Corina le mérite d'avoir créé avec *Sumate* le modèle d'appui constant et inchangé (au moins jusqu'à Trump II) à l'opposition vénézuélienne par les États-Unis. L'ONG est le prétexte parfait pour recevoir des financements massifs.

Maria Corina Machado avec George W. Bush à la Maison Blanche (Eric Draper)

[22] Globovisión. (2024, 22 février). *Fondos de USAID para Venezuela se multiplicaron 26 veces en la última década, según registros.*

À la suite de cet épisode, notre chère candidate se calme un peu. Trop peu peut-être. Maria Corina continue la basse besogne à la tête de *Sumate*, mais change de direction politique quelques années plus tard. Peut-être sont-ce les nationalisations impactant le patrimoine familial, peut-être est-ce l'amnistie générale prononcée par Chavez. Toujours est-il qu'elle troque sa couverture de la « société civile » pour entrer cette fois réellement dans la vie politique, en se présentant à la députation nationale en 2010. Ceci notamment avec l'appui d'un parti traditionnel comme *Accion Democratica*, ironiquement social-démocrate par le passé. Vous jugerez par vous-même ce que Maria Corina a de social-démocrate.

Il faut lui reconnaître le mérite de l'ambition. Fraîchement élue députée en 2010, à deux ans de la prochaine élection présidentielle, elle se lance dans la campagne des primaires de l'opposition en 2011. Une campagne dont personne ne se souvient réellement, au-delà d'un moment politique précis dont le pays se souviendra, lui. Disons que ce moment est devenu un classique desdites *punchlines* des années Chavez, lorsque la députée Machado a l'occasion d'adresser la parole en public au président Chavez, en direct devant les caméras de télévision du pays[23]. La scène se passe lors du discours annuel du président de la République devant l'Assemblée nationale. Alors députée pour l'État de Miranda, comme ses collègues, elle a le droit d'intervenir et questionner le rapport de gestion présenté par le président.

Sur quoi Maria Corina pourrait-elle bien prendre la parole ? Ces premiers mots vont au rejet du « communisme » et à la défense de « la propriété » au Venezuela. Face à un Chavez à la fois amusé et imperturbable, elle se rattrape à la phrase suivante – non sans bafouillement – en parlant de « solidarité » et de « justice ». Mais c'est plus fort qu'elle. *Vous vous êtes dédiés à exproprier, c'est-à-dire voler*, poursuit donc Maria Corina. Il faut dire qu'elle est en effet directement impactée par les nationalisations, mais il ne faudrait pas que son intervention paraissent si autocentrée. Elle ne dira évidemment pas que ces nationalisations visent surtout de très grandes entreprises, souvent

[23] Últimas Noticias. (2012, 14 janvier). *El encontronazo de María Corina y Chávez* [Vidéo]. YouTube.

multinationales, liées à des secteurs stratégiques. Comme l'acier familial ? Non. Elle poursuit en défendant le « secteur privé » des « entrepreneurs, commerçants et petites auberges ». Émouvant. Elle termine en invitant le président Chavez à « accepter le débat » avec elle.

La réponse de Chavez restera dans l'histoire, sans doute parce qu'elle ne manquait pas de piquant…

> Je vous suggère d'abord de gagner les primaires. C'est la première chose que vous avez à faire parce que vous êtes hors-classement pour débattre avec moi. J'en suis désolé. Vous venez même de me traiter de voleur devant le pays. Je ne vais pas vous offenser. L'aigle ne chasse pas la mouche Madame la députée. (Hugo Chavez, 10 janvier 2012)

Si l'on manquait d'humour, l'on pourrait reprocher à Chavez un certain manque d'humilité devant Maria Corina, mais il avait bien raison de la dire « hors-classement ». Aux primaires de l'opposition, notre future candidate obtiendra moins de 4% des voix. Toujours aussi marginale donc, malgré la constitution de sa propre formation politique à travers laquelle elle agira par la suite : *Vente Venezuela.*

Chavez meurt le 5 mars 2012. Son successeur politique, Nicolas Maduro, est élu d'une courte tête président de la république bolivarienne l'année qui suit. L'opposition est galvanisée par ce qu'elle voit avant tout comme une opportunité d'en finir avec 13 ans de chavisme.

Pour Maria Corina Machado, en 2014, c'est de nouveau la douche froide. Par décision de justice, elle est déchue de son poste de députée. On reviendra sur ce qui a mené à cela dans la partie qui suit.

La même année, elle passe cependant un cap dans la tactique et la stratégie politiques employées. Avec les principaux leaders de l'opposition d'extrême droite, elle met en marche l'opération *La Salida* (la sortie). Un plan visant à organiser des émeutes ultraviolentes, avec manifestants équipés et armés (parfois d'armes létales), pour cette fois obtenir une « chute du régime ». Le bilan de l'opération est lourd. Plusieurs dizaines de morts et parmi eux des policiers et des manifestants.

2014 marque une césure dans l'hégémonie stratégique qui domine l'opposition jusqu'à aujourd'hui. Désormais, c'est la stratégie du *changement de régime* qu'il faut mettre à l'œuvre, jouant habilement avec l'actualité politique internationale marquée alors par les printemps arabes. Sous Chavez, cette stratégie a été rendue caduque par l'échec du coup d'État de 2002. Cette opposition s'est donc contentée de crier à la fraude à la plupart des élections, tout en y participant activement, sans le poids politique suffisant pour faire « chuter » Chavez. Maduro a été le souffre-douleur – toujours invaincu – de la reprise active de cette stratégie de changement de régime. Et c'est à la faveur de cette stratégie que des personnages de l'opposition – aussi marginaux et extrémistes ont-ils été – ont pu prendre du galon sur la scène politique nationale. Maria Corina Machado, entre autres.

Et à partir de 2014, les opérations visant un changement de régime vont se multiplier. En 2017, même chose qu'en 2014, en plus violent. 127 morts et plusieurs milliers de blessés. Des bombes (oui, des bombes) sont utilisées pour attaquer les policiers. Des câbles de fer sont tendus dans les rues pour décapiter les policiers motorisés. Des passants sont lynchés dans la rue, parfois jusqu'à la mort. Comment ne pas avoir en souvenir le nom d'Orlando José Figuera[24], passé à tabac, roué de coups de couteau, aspergé d'essence puis brûlé vif en place publique par les « manifestants » de l'opposition ? Non pas parce qu'il était chaviste, mais parce qu'il « ressemblait » à un chaviste : noir et pauvre. Son histoire, malgré les photos impressionnantes du moment, ne fera pas les unes de la presse internationale. Le brûlé vif qui aura son cliché élu « photographie de l'année » par la *World Press Photo* en 2018, c'est un émeutier de l'opposition brûlé par son propre cocktail molotov, qu'il entendait lancer sur des policiers[25].

En 2019, Maria Corina Machado est aussi de la partie pour soutenir l'instauration du gouvernement parallèle (et voleur) de Juan Guaido. Une farce qui va faire son temps, et qui a aussi ses épisodes de violence. Incursion

---

[24] *Público*. (2019, 16 mai). "*A mi hijo lo quemaron vivo por ser chavista*".

[25] World Press Photo. (2018). *Venezuelan photographer Ronaldo Schemidt wins World Press Photo*.

de mercenaires étrangers, assaut héliporté avec grenades et rafales contre des bâtiments publics, tentative de soulèvement de l'armée. Des scènes parfois dignes de films d'action hollywoodiens, dont l'opposition vénézuélienne aime bien s'inspirer.

Dans cette période, Maria Corina se démarque en demandant à plusieurs reprises une intervention étrangère au Venezuela. Contre son propre pays ! En l'appelant « intervention humanitaire », elle fait campagne pour l'envoi de troupes pour faire tomber Maduro, à travers l'activation de traités internationaux comme le TIAR ou le R2P[26]. Il n'y a plus aucune limite.

Ce portrait étendu de Maria Corina Machado a évidemment la prétention de vous montrer à quel type de personnage l'on a à faire pour la présidentielle de 2024. Mais au fond, il n'est qu'un prétexte pour dresser le portrait politique de l'extrême droite vénézuélienne dans son ensemble. Car des Maria Corina, cette opposition en est remplie. Combien de pages pourrions-nous écrire sur Juan Guaido, Leopoldo Lopez, Antonio Ledezma, Julio Borges et tant d'autres ?

Est-ce exagéré de parler d'extrême droite les concernant ? De droite il n'y a aucun doute. L'ambition de Maria Corina Machado est de « faire du Venezuela un pays de propriétaires et une société d'entrepreneurs »[27]. Son combat de députée s'est d'ailleurs centré sur la privatisation des millions de logements sociaux construits par Chavez. Et surtout sur la privatisation de PDVSA, l'entreprise pétrolière publique, joyau du Venezuela.

De droite certainement. D'extrême droite ? Au regard de l'usage systématique de la violence en politique, couplé à la haine viscérale des pauvres et de ceux que l'on identifie comme pauvres (noirs, bronzés, amérindiens), je trouve la qualification raisonnable. Dans bien des pays dudit « Occident », il apparaîtrait raisonnable (quoique de moins en moins) de

---

[26] Misión Verdad. (2024, 22 avril). *La incesante campaña de María Corina Machado por la intervención militar.*

[27] Libre Mercado. (2023, 24 octobre). *Oposición, primarias y María Corina Machado: Propuestas liberales en Venezuela.*

qualifier d'extrême droite des personnalités politiques qui, en plus de soutenir un projet conservateur (et dans ce cas réactionnaire), participent à des *putschs*, alimentent des opérations criminelles, instaurent des institutions parallèles, volent des biens nationaux, ou encore demandent des interventions étrangères contre leur propre pays. De toute façon, il n'y a qu'à voir les alliances internationales tissées par son propre parti, celui de Machado, *Vente Venezuela*. En 2020, il signe notamment un accord de coopération avec le *Likoud*, parti du président génocidaire d'Israël Benyamin Netanyahou[28]. D'ailleurs, deux ans auparavant, Maria Corina en personne signait une lettre adressée au président néolibéral argentin Mauricio Macri et à Benyamin Netanyahou, leur demandant qu'ils « appliquent leur force et influence » pour un « changement de régime » au Venezuela[29].

Cet ensemble d'extrême droite donc, longtemps marginal dans la politique vénézuélienne, a pris l'ascendant sur le reste de l'opposition démocratique durant la décennie 2010, à la faveur d'un soutien actif du Département d'État états-unien à la stratégie du changement de régime. C'est ainsi que le tour de Maria Corina Machado arrive à la fin de l'année 2023, pour être envoyée en première ligne des prochaines élections présidentielles.

## La « vainqueure » des primaires

Nous voici enfin arrivés à notre fameuse élection présidentielle. À mesure que les tentatives de changement de régime échouent, les cartes à jouer de l'opposition se raréfient ou s'épuisent.

---

[28] Vente Venezuela. (2020, 23 juillet). *Publication sur X (anciennement Twitter)*.

[29] María Corina Machado. (2018, 5 décembre). *Publication sur X*.

Mettons de côté Pedro Carmona, le leader du coup d'État de 2002, qui coule une vie heureuse d'universitaire en exil en Colombie[30]. Il avait échappé à la justice alors qu'il était assigné à résidence en attente de son procès.

Depuis, plusieurs leaders de l'opposition d'extrême droite encensée des années 2010 manquent à l'appel au Venezuela. Leopoldo Lopez et Antonio Ledezma, condamnés notamment pour avoir été les artisans des violences de *La Salida* en 2014, ont échappé à la justice en se réfugiant en Espagne. Des *tapas* espagnoles qui ont également plu à Julio Borges, à l'origine d'une tentative de soulèvement militaire en 2019, et bras droit de l'usurpateur Juan Guaido. Ce dernier a d'ailleurs – plus traditionnellement – échappé à la justice vénézuélienne, lui aussi, mais en préférant le soleil de Miami.

C'est donc au tour de Maria Corina. Elle est connue du Département d'État et obtient sans peine ses faveurs. Les multinationales des médias suivront. L'aura médiatique lui a très vite conférée le leadership dans l'opposition, y compris l'opposition réelle des Vénézuéliens qui souhaitent effectivement une alternance politique.

Fin 2023, des primaires de l'opposition sont organisées pour définir qui sera le candidat de la PUD, la coalition unitaire. Au Venezuela, tout processus électoral – y compris les primaires des forces politiques – passent par le Conseil national électoral (CNE), l'organe public constituant le cinquième pouvoir défini par la Constitution de 1999. La PUD en est d'ailleurs d'accord, puisqu'elle a récemment réaffirmé obéir aux « normes électorales et décisions du CNE » (sixième point des accords de la Barbade). Au Venezuela, le CNE met à disposition l'entière infrastructure électorale du pays pour tout type d'élection à organiser.

Un Français (comme moi) peut avoir la critique facile envers ce système. Après tout, en quoi l'État et ses institutions viendraient s'immiscer dans la vie politique interne des partis politiques ? La critique est légitime, le débat ouvert. De là à passer aux accusations de « dictature » pour cela ? Dans ce cas, on peut aisément qualifier de dictature des pays comme l'Argentine, le Chili,

---

[30] Iván Gallo. (2022, 22 septembre). *El único venezolano que logró tumbar a Hugo Chávez, exiliado enseña en la Sergio Arboleda.* Las2Orillas.

l'Uruguay, l'Afrique du Sud, le Paraguay, et même les États-Unis d'Amérique ; tous ces pays organisant les primaires par l'intermédiaire d'organes publics liés à l'État. Il s'agit d'ailleurs souvent d'institutions électorales propres, équivalentes au CNE vénézuélien.

D'emblée, les primaires de l'opposition vénézuélienne sont donc organisées illégalement. Passons.

Après tout, l'opposition accuse le CNE de partialité et de proximité avec le pouvoir. Si tel est le cas, il est bien normal qu'elle veuille s'en passer. Et l'on veut bien croire que cette opposition, au regard de son passé, est « implacable » avec le respect de la démocratie et des résultats électoraux.

Le 22 octobre 2023, le scrutin interne est donc autoorganisé par la plateforme unitaire de l'opposition. Selon le dernier bulletin émis par la commission organisatrice, qui ne totalise même pas le 100% des procès-verbaux, Maria Corina Machado remporte les primaires en obtenant…92,35% des suffrages[31]. Soit 2,3 millions des voix, sur un total de 2,4 millions de votants. Du jamais vu ! Depuis que l'opposition organise des primaires unitaires, c'est-à-dire depuis 2012, le score le plus élevé qui a été enregistré a été celui d'Henrique Capriles, avec 64,33% des voix en 2012. Vous vous souvenez ? Cette primaire où Maria Corina obtenait moins de 4% des suffrages. Depuis, plusieurs primaires ont été organisées par l'opposition, et les scores des vainqueurs n'ont jamais atteint plus de 53% des votants (résultats de 2017).

Rien n'y fait. Maria Corina fait l'unanimité dans l'opposition. Plus que Tokaïev dans son pays, au Kazagsthan (81,31%) ; autant qu'Aliyev en Azerbaïdjan (92,12%) ; mais pas autant que Kagame au Rwanda (99,18%). Ouf !

Le chavisme dénonce évidemment une « arnaque électorale », en pointant du doigt une large inflation des chiffres. Et la critique vient aussi de certains secteurs de l'opposition. Juste avant le scrutin, celui qui arrivera second, Carlos Prosperi – président du parti AD – avertit qu'il y a des bureaux de vote où il y a quatre mille électeurs, ce qu'il considère comme « impossible » pour

[31] CNPrimariaVE. (2023, 24 octobre). *Publication sur X.*

un tel nombre de personnes d'exercer leur droit de vote[32]. Le député d'opposition Luis Brito dénonce aussi des « irrégularités »[33] et pointe du doigt la manipulation de la commission organisatrice de la primaire par une ONG appelée…*Sumate.* Surprise ! Les primaires de l'opposition, gagnées par Maria Corina Machado, sont donc coorganisées par une ONG fondée par…Maria Corina Machado. Le président de *Sumate*, Roberto Abdul, est l'un des dix membres de la commission[34].

Le sketch continue donc, avalisé évidemment par la presse internationale. Au lendemain de ces primaires plus que douteuses, dans leurs dépêches respectives, ni l'agence états-unienne *Associated Press* (AP), ni l'*Agence France-Presse* (AFP), ni la britannique *Reuters*, ni l'espagnole *EFE* n'ont fait mention des doutes sérieux liés à la fiabilité du scrutin. Passez votre chemin, il n'y a rien à voir.

Comment donc expliquer que dans la « dictature frauduleuse de Maduro », c'est l'opposition qui a organisé la première des fraudes électorales de l'élection présidentielle ? Hollywood est largué.

## L'inéligible

Rions encore. La *Candidate* issue d'une fraude n'a en réalité jamais été la candidate de l'opposition. Elle-même le savait, ses soutiens le savaient, le pays le savait. Du moins tout le monde savait que personne n'appuierait sur son nom sur l'écran de la machine à voter, car Maria Corina Machado est

---

[32] Globovisión. (2023, 17 octobre). *Carlos Prosperi advirtió que no se prestará para irregularidades en las primarias.*

[33] Patricio Peralta. (2023, 24 octobre). *Venezuela: Oficialismo denuncia supuesta inflación de cifras en elecciones primarias.* France 24.

[34] *El Universal.* (2022, 15 novembre). *Anunciaron a los integrantes de la Comisión Nacional de Primarias.*

inhabilitée par la justice vénézuélienne à exercer des fonctions électives pour une durée de quinze ans.

Huit ans plus tôt, en juillet 2015, le Bureau du Contrôleur Général de la République Bolivarienne du Venezuela a émis une résolution basée sur l'article 39 du décret-loi contre la corruption, pour le délit de falsification et de dissimulation des données contenues dans la déclaration de patrimoine sous serment et dans la procédure de vérification du patrimoine à laquelle doivent se soumettre les citoyens qui exercent des fonctions publiques de haut niveau.

Cette résolution a été émise le 13 juillet 2015, accompagnée d'une sanction à l'encontre de Maria Corina Machado consistant en la déchéance de son poste de députée et l'inhabilitation à exercer une fonction publique élective pour une durée initiale de douze mois. Cela va au-delà de l'omission, la sous-estimation et la dissimulation d'informations concernant des fonds sur des comptes bancaires nationaux et internationaux, des mouvements d'argent non déclarés et injustifiés, et des incohérences dans la gestion de ces fonds.

Au-delà des incohérences dans sa déclaration de patrimoine, la décision de l'inéligibilité fait écho à un incident sans précédent survenu dans la diplomatie vénézuélienne. En 2014, la députée Machado a été désignée par le gouvernement de la République du Panama comme ambassadrice suppléante de ce pays auprès de l'Organisation des États Américains (OEA), pour « témoigner » en séance plénière et désavouer le représentant vénézuélien nommé par le gouvernement légitimement constitué du Venezuela, et ainsi obtenir l'application de la Charte démocratique comme mécanisme de représailles contre son propre pays. Quel pays ne sanctionnerait pas l'usurpation de la représentation nationale au sein d'institutions internationales reconnues comme l'OEA ? Au Venezuela, les articles 149, 191 et 197 de la Constitution sont claires comme de l'eau de roche à cet égard.

Légalement, en 2015, sa destitution et son inhabilitation politique sont indiscutables et justifiées. Auprès du Contrôleur Général, son dossier lié aux fausses déclarations est quant à lui resté ouvert durant les années qui ont suivi. C'est dans cette brèche que le Contrôleur général prononce en juin

2023 l'extension de son inéligibilité pour la durée maximale prévue par la loi, quinze ans[35], la rendant hors-jeu pour les élections présidentielles.

Certains ont critiqué la légalité de cette décision. D'un point de vue strictement légaliste, en effet, la manœuvre est discutable. Le Contrôleur Général a utilisé le dossier de 2015 pour y ajouter tous les crimes et délits liés à la farce Guaido et à tous les faits que nous avons décrits dans les parties précédentes, hautement répréhensibles par la loi vénézuélienne et par n'importe quel État de droit dans le monde. En réalité, le cas Maria Corina – comme celui d'autres dirigeants de l'extrême droite vénézuélienne – aurait mérité un véritable procès aboutissant probablement sur de lourdes condamnations, allant bien au-delà de simples peines d'inéligibilité. Malheureusement, les temps de la justice et les temps de la politique sont bien souvent incompatibles.

Oui, cette inhabilitation a une part de motivations extra-judiciaires liées au calendrier politique. Oui, Maria Corina aurait dû faire face à un procès bien plus ample confrontant ses actions répréhensibles à la loi vénézuélienne ; et ce procès l'aurait probablement mené à bien plus qu'une simple inéligibilité. Dans le premier cas, la presse internationale accuse la justice de partialité en faveur du candidat-président Maduro. Dans le second cas, la presse internationale accuse la justice de partialité dans un procès politique en faveur du président Maduro.

Peu importe donc. Les juges ont tranché. Dont acte. Vous voyez bien qu'avec le récit de la « dictature », aucune rationalité n'est permise dans l'analyse politique du Venezuela. Toute nuance est rendue caduque par le simple mot « dictature ». Que la justice soit proche du gouvernement ou non, l'on accusera toujours la *dictature* de tirer les ficelles. Alors dans ce jeu politique déloyale, comment reprocher au chavisme d'avoir placer ses pions dans la justice lorsqu'auparavant celle-ci ne servait que les intérêts tout aussi partiaux de l'opposition qui y avait les siens ? La naïveté politique est interdite au Venezuela. Et il faut être sacrément naïf pour reprocher au

---

[35] Article 105 de la *Ley Orgánica de la Contraloría General de la República y del Sistema Nacional de Control Fiscal (LOCGR).*

chavisme de ne pas jouer totalement loyalement face à un adversaire déloyal. L'État de droit ne fonctionne que lorsque ses règles démocratiques sont acceptées de tous. Le chavisme les a toujours acceptées, sans naïveté. Cette opposition n'a jamais accepté ces règles que lorsqu'elles les servaient. Dans ce contexte impossible de stricte « séparation des pouvoirs », on peut se féliciter du fait que le chavisme ait toujours préféré continuer à croire en la démocratie, tant dans sa dimension électorale que dans sa dimension directe.

J'en conviens, dans un pays aux intérêts géostratégiques aussi forts, cela pose de véritables questions de philosophie politique. Cela mériterait au moins un autre livre.

Le point 11 des accords de la Barbade a-t-il été violé ? Mettant de côté le fait que ni Maria Corina, ni son parti, n'étaient présents à Bridgetown ; le point 11 stipule bien que toutes les candidatures politiques doivent être autorisées seulement si elles respectent un « détail » : la loi vénézuélienne. Le moins que l'on puisse dire, c'est que Maria Corina Machado n'est pas en odeur de sainteté quant aux lois de son pays.

Elle est donc inéligible. La décision est ratifiée par le Tribunal Suprême de Justice (TSJ) le 26 janvier 2024. Et notre « *Candidate* » a d'ailleurs habilement joué avec le calendrier judiciaire pour ne laisser à la justice vénézuélienne aucun moyen d'approfondir les preuves légalisées des faits qui ont conduit à son inéligibilité. Elle dépose un recours au TSJ…le dernier jour des délais légaux établis.

Maria Corina Machado a été condamnée sur le plan judiciaire et moral pour les actions qu'elle a menées durant sa carrière politique. Pas pour ses opinions sur la supposée « dictature », ni pour sa qualité d'opposante. Les faits sont rétablis.

## Le remplaçant

Bien que notre « candidate » adopte le slogan *Hasta el final* (Jusqu'au bout), maintenant son *leadership* sur la campagne présidentielle, elle se met en recherche d'une sous-candidature à travers laquelle faire campagne. Presque deux mois passent après la confirmation de son inéligibilité par le TSJ. Ce détail a son importance.

C'est le 5 mars que le CNE – dont l'autorité a été reconnue (en théorie) par l'opposition à la Barbade – par la voix de son président Elvis Amoroso, annonce le chronogramme officiel de l'élection présidentielle. L'élection est fixée au 28 juillet, la campagne officielle du 4 au 25 juillet, l'inscription des candidats du 21 au 25 mars.

Astucieusement, pour servir son récit de la « persécution », l'opposition toujours menée par Maria Corina attend le tout dernier moment, le 23 mars, pour présenter une candidature alternative au CNE. Ce mardi-là, dans une scène qui frôle le grotesque, Maria Corina présente…Corina Yoris, devant les micros et caméras de la presse nationale et internationale. Il fallait le faire ! Trouver une parfaite inconnue avec un nom de famille identique à son prénom. Cette universitaire, âgée de 80 ans, monte difficilement les marches de la scène sur laquelle se tient Maria Corina. Maria Corina veut garder le *leadership* absolu de la candidature en s'assurant que son substitut soit inoffensif politiquement pour elle.

Maria Corina en veut cependant trop. Son parti, *Vente Venezuela*, n'existe légalement pas au Venezuela. Non pas parce que Maduro en aurait décidé ainsi, mais parce qu'il n'a participé à aucun scrutin dernièrement dans le pays. Or, la loi organique sur les processus électoraux est claire à ce sujet : si vous n'avez pas participé à deux élections de suite, vous êtes radié des listes et devez procéder de nouveau à l'inscription de votre parti. Cela implique de récolter les signatures d'au moins 5% du corps électoral. Sans cela, ni Maria Corina, ni Corina Yoris n'ont donc accès à la plateforme en ligne du CNE pour s'inscrire. Peu importe, ces détails n'intéresseront pas les caméras.

Pourquoi alors les autres partis politiques de l'opposition, légalement inscrits auprès du CNE, n'ont-ils pas prêté leur étiquette aux deux Corina ? Maurice Lemoine, un des (très) rares journalistes français s'intéressant avec rigueur à l'actualité vénézuélienne, émet une hypothèse crédible.

> Au lieu de consulter ses partenaires pour mettre en lice un candidat choisi en commun, Machado, en « leader maxima », a désigné Yoris « a dedo » (« au doigt », sans concertation ni explication). Ulcérés par cet autoritarisme, les leaders de la PUD ont refusé toute collaboration de leurs partis respectifs (MUD, UNT, FV) pour inscrire Yoris devant le CNE. Par précaution, la PUD a déposé le 26 mars, « de façon provisoire », la postulation d'un autre anonyme, Edmundo González. La LOPE (article 63) permet un possible changement de candidat, sans justification, jusqu'au 20 avril. D'ici là, on verra. (Maurice Lemoine dans Mémoire des Luttes, le 10 octobre 2024)[36]

Doublée, la carte Corina tombe donc à son tour. Et Maria Corina refuse de soutenir Manuel Rosales, autre ponte de l'opposition historique, ex-gouverneur de Zulia et notamment candidat unitaire en 2006 face à Chavez. Finalement, le CNE prolonge exceptionnellement de douze heures le délais pour inscrire des candidatures, et la PUD inscrit l'ex-diplomate Edmundo Gonzalez Urrutia. Manuel Rosales se retirera au profit d'Edmundo. Le 3 avril, le CNE proclame officiellement la candidature d'Edmundo Gonzalez, en plus de celle du président Nicolas Maduro et celles de dix autres candidats d'opposition. Maria Corina se range derrière, ou plutôt devant Edmundo.

Ça y est ! L'opposition a son candidat unitaire. Ça n'était pas arrivé depuis 2013, du fait des divisions internes et des refus successifs de participer aux scrutins.

Edmundo Gonzalez n'est pas un total inconnu. Âgé de 75 ans, il est un diplomate de carrière. En 1978, il débute sa carrière comme premier secrétaire de l'ambassade vénézuélienne à Washington, puis entre 1981 et 1982 à l'ambassade au Salvador. Occupant à plusieurs reprises des postes de

---

[36] Lemoine, M. (2024, 10 octobre). *Les influenceurs politico-médiatiques du Grand Venezuela Circus*. Mémoire des luttes.

direction aux affaires étrangères sous les gouvernements néolibéraux successifs, il a aussi été ambassadeur en Algérie (1991-1993) et en Argentine (1999-2002).

Une controverse existe quant à sa participation présumée à la guerre civile salvadorienne pendant qu'il était en poste à San Salvador. Le chavisme pointe du doigt son éventuelle participation à la tristement célèbre contre-insurrection anti-communiste – et ses escadrons de la mort – avec l'ambassadeur Leopoldo Castillo, notamment dans des assassinats de religieux et leaders sociaux. L'information est difficilement vérifiable, bien que politiquement alléchante. Je reste ouvert à toute information complémentaire qui pourrait l'étayer.

Toujours est-il qu'Edmundo disparaît de la scène diplomatique au début des années Chavez. Il apparaît par la suite sur la scène politique au début du premier mandat Maduro, occupant la direction de la MUD, la coalition d'opposition d'alors, entre 2013 et 2015.

Au fond peu importe son parcours. L'intérêt pour notre chère « candidate » repose sur la fébrilité et la docilité politique du personnage. Edmundo Gonzalez apparaît vieux, malade, face à une Maria Corina bien plus jeune et pleine d'énergie. La campagne présidentielle se fera avec lui, mais plus en accompagnateur de Maria Corina qu'en véritable candidat. Il apparaîtra à ses côtés lors des meetings, mais c'est elle qui captera la lumière.

# CHAPITRE III
## LE POUVOIR ÉLECTORAL FACE AUX ÉLECTIONS

*Les « obstacles » du Conseil national électoral*

Depuis 1999, le Venezuela est doté dans sa Constitution d'une division très particulière – et presque unique au monde – des pouvoirs. Aux côtés des traditionnels pouvoirs exécutifs, législatifs et judiciaires se trouvent le pouvoir citoyen, garant éthique et moral de l'État ; et le pouvoir électoral, chargé de l'organisation et de la bonne tenue des processus électoraux. Et c'est le Conseil national électoral (CNE) l'organe pivot de toutes les élections dans le pays.

### Fonctionnement et garanties du « cinquième pouvoir »

En réalité, la spécificité vénézuélienne réside dans la constitutionnalisation du pouvoir électoral comme pouvoir à part entière, ce qui lui confère une autonomie constitutionnelle. En revanche, nombreux sont les pays dotés d'institutions similaires dédiées à l'organisation d'élections, avec plus ou moins d'autonomie chacune. En Amérique latine notamment, c'est très répandu : Mexique, Colombie, Équateur, Bolivie, Costa Rica, Uruguay, Paraguay, Pérou, Salvador, Guatemala, Honduras, Panama ont leur CNE local. On en trouve ailleurs également, comme au Canada, en Inde, en Afrique du Sud ou même au Royaume-Uni. Le Venezuela lui-même, avant la Constitution de 1999, avait déjà un Conseil suprême électoral, institution équivalente au CNE actuel, bien que moins autonome. Rien de nouveau ni de très original donc, pour une « dictature ».

On peut déjà rire ensemble lorsque des autorités françaises ou espagnoles – pour ne parler que d'elles – peuvent reprocher au CNE vénézuélien son manque d'indépendance vis-à-vis du pouvoir exécutif au Venezuela, lorsque l'on sait qu'en France et en Espagne par exemple, c'est bien le Ministère de l'Intérieur – donc directement le pouvoir exécutif – qui organise les élections. Poursuivons.

Le CNE est dirigé par cinq recteurs principaux, dont l'un d'eux est élu président du pouvoir électoral. Comme dans beaucoup d'autres pays dotés d'un équivalent du CNE, c'est le parlement qui a la main sur les nominations dans les postes de direction. C'est le cas au Canada ou en Afrique du Sud par exemple. Au Venezuela, les cinq recteurs principaux sont élus par l'Assemblée nationale, avec une majorité aux deux tiers. Assemblée elle-même élue au suffrage universel. Il n'y a pas de dispositions légales obligatoires quant aux affinités politiques des recteurs nommés, les recteurs ne devant seulement « pas être liés à des organisations politiques », selon l'article 296 de la Constitution. Trois des recteurs sont proposés à l'Assemblée nationale par la société civile, un autre est proposé par les facultés de sciences juridiques et politiques du pays, et un dernier par le Pouvoir Citoyen. Si l'Assemblée nationale n'arrive pas à se mettre d'accord, le Tribunal suprême de justice (TSJ) nomme des recteurs principaux provisoires.

Dans la mesure où une majorité aux deux tiers est requise pour faire élire les recteurs, il faut donc compter également sur les voix de l'opposition au parlement. Problème : les dernières élections législatives ayant eu lieu pendant la *farce Guaido*, l'opposition n'a majoritairement pas participé au scrutin, laissant ainsi une large majorité au chavisme à l'assemblée. Va-t-on reprocher au chavisme de ne pas avoir annulé sa présence à l'assemblée parce que le clan Guaido a organisé le boycott des élections ? Evidemment que non. Le CNE est-il donc tombé par la suite à 100% dans les mains du chavisme ? Non plus. Sur les cinq recteurs principaux élus, trois sont considérés proches du chavisme, deux autres appartiennent à l'opposition[37]. L'un d'eux va d'ailleurs se révéler particulièrement proche de l'opposition Machado. Traditionnellement, c'en a été toujours ainsi depuis le début de la révolution bolivarienne, le chavisme ayant maintenu de façon presque permanente une majorité à l'assemblée.

Et l'opposition n'a pas seulement accès au plus haut organe de direction du CNE. Elle est également présente dans les points clés de chaque processus électoral organisé par le CNE. Chaque parti politique peut désigner des témoins à chaque bureau de vote, à la fois pour superviser les processus de vote et le dépouillement. Des audits techniques sont également réalisés par le CNE, avant, pendant et après le scrutin ; et tous les partis ont le droit d'y participer. Des audits fondamentaux car liés à la vérification du registre électoral, des machines à voter ou encore du système de transmission des données. L'opposition a donc accès à toutes les étapes du scrutin.

Et le système est blindé de garanties. Au temps du néolibéralisme, entre les années 1970 à 1990, il y avait un slogan au Venezuela lorsque l'on parlait du système électoral : « *Acta mata voto* » (Le procès-verbal tue le vote). Ce slogan pour dénoncer les fraudes massives organisées à partir de la falsification des procès-verbaux. Ironique lorsque l'on connait la suite de l'histoire. Toujours est-il que pour pallier aux risques de fraude, le Venezuela s'est doté d'un système de vote mi-électronique mi-papier à partir des années 2000. Encore aujourd'hui, le Vénézuélien vote sur une machine, qui imprime un reçu à placer dans une urne physique. De ce processus sont générées quatre garanties au vote effectué : la mémoire interne de la machine, stockée sur la machine même (qui est en fin de compte la véritable dépositrice des

---

[37] Voz de América. (2023). *Parlamento designa nuevos rectores del Consejo Nacional Electoral en Venezuela.*

résultats de chaque bureau de vote) ; la mémoire externe détachable de la machine à voter ; la transmission en direct que la machine fait au CNE pour un premier comptage rapide ; et ledit *chorizo*, ce fameux reçu récapitulatif imprimé par la machine à la fin du scrutin et contenant toutes les données de la journée électorale dans le bureau de vote (les fameuses *actas*, en français les procès-verbaux). Dans chaque bureau de vote, à la fin du décompte et après signature des témoins, la mémoire externe des machines et les *actas* sont transportées physiquement sous scellé (avec les machines à voter) depuis tout le pays vers le CNE.

Pour frauder des élections au Venezuela, il faut donc frauder à ces quatre niveaux pour que la fraude soit parfaite. Et gouvernement comme opposition ont accès à chacun de ces niveaux.

## Le CNE et le 28 juillet

Le 5 mars 2024, la convocation officielle des élections au 28 juillet 2024 est faite par le CNE en la personne de son président, Elvis Amoroso. L'événement donne lieu à une couverture médiatique internationale particulière, non seulement en raison de l'intérêt suscité par l'annonce, mais aussi parce qu'il lance un récit qui demeure tenace sur l'élection présidentielle. Si tenace qu'il piège la pensée de tout observateur éloigné de la réalité politique vénézuélienne, tout en sapant le processus électoral.

> Le Venezuela annonce que les élections se tiendront en juillet, tandis que la candidate de l'opposition demeure inéligible. La décision de réaliser des élections vient d'une promesse partielle lié à un accord passé avec les États-

> Unis, mais avec l'exclusion de la principale figure de l'opposition beaucoup se demandent si le scrutin sera libre et juste. (*New York Times*, 5 mars 2024)[38]
>
> Maduro devrait tenter de se faire réélire, mais on ne sait pas encore qui sera son rival dans l'opposition, María Corina Machado ayant remporté une victoire écrasante aux primaires d'octobre dernier, mais les autorités lui ayant interdit de se présenter à des fonctions publiques. (*BBC*, 5 mars 2024)[39]
>
> La communauté internationale, sous l'égide des États-Unis, a demandé les garanties nécessaires pour des « élections transparentes ». (*France 24*, 5 mars 2024)[40]

Passons sur le culot du *New York Times* qui ose affirmer que s'il y a élection, c'est grâce à un accord passé avec les États-Unis, mettant par la même à la poubelle deux décennies de processus électoraux au Venezuela. On peut en revanche se réjouir du fait qu'ils aient au moins le mérite de reconnaître avec qui négociait réellement le Venezuela à la Barbade : les États-Unis d'Amérique.

Que met dangereusement en place cette couverture médiatique ? Commençant par omettre le contexte réel des négociations qui entoure l'annonce du CNE, elle a immédiatement subordonné la crédibilité de l'événement électoral à la situation particulière d'une personne légalement disqualifiée pour exercer des fonctions d'élue. Ceci par une décision de justice dont on peut discuter la forme, mais certainement pas le fond.

À partir de ce 5 mars, ce discours médiatique international entame donc de saper la crédibilité du scrutin. Les élections au Venezuela ne sont libres, démocratiques et légitimes que si le candidat de l'opposition reconnu par les États-Unis y participe, faute de quoi la pression économique continuera

---

[38] Glatsky, G. (2024, 5 mars). *Venezuela anuncia la fecha de las elecciones presidenciales, pero la oposición está en duda*. The New York Times.

[39] BBC Mundo. (2024, 5 mars). *Venezuela celebrará elecciones presidenciales el 28 de julio sin que la oposición tenga definido aún quién será su principal candidato.*

[40] Triviño V., A. (2024, 5 mars). *Venezuela celebrará elecciones presidenciales el 28 de julio*. France 24.

d'asphyxier l'industrie pétrolière. Cela pose en effet de réelles difficultés démocratiques. On peut s'interroger sur la liberté des élections lorsqu'un pays est menacé par une puissance étrangère de faire fi de son propre système juridique en permettant à un candidat qui s'est avéré être un traître à sa patrie d'y participer. Mais surtout, quelle est la liberté des électeurs lorsqu'ils sont menacés de sanctions économiques et d'isolement s'ils n'élisent pas un certain candidat ? En d'autres endroits du monde, l'on aurait trouvé cela intolérable.

Dans le contexte de pression internationale et de cette toile d'araignée médiatique, semant le doute sur le scrutin, le CNE devient rapidement (et de nouveau) un acteur politique incontournable de ces élections. C'est alors qu'est mis en œuvre le système de garanties électorales, un système en place depuis 2004 qui assure l'efficacité de l'exercice des droits des électeurs, mais aussi la sécurité des candidats et des partis politiques participants. À chaque élection, ce système est revu, élargi et enrichi en fonction des demandes des partis politiques et des candidats participants. Celles-ci sont concentrées, analysées et ajoutées au système – pour autant qu'elles répondent aux critères techniques – afin de renforcer et d'assurer un niveau plus élevé de transparence et de fiabilité, et surtout de garantir le principe « un vote, un électeur ».

Dans l'appel aux élections du 5 mars, comme à chaque élection, non seulement la date de l'élection est fixée, mais le calendrier électoral est également publié. Il contient, avec la précision des dates, chacune des activités nécessaires à la tenue de l'élection. De la période d'inscription sur les listes électorales à l'élection en elle-même, en passant évidemment par l'inscription des candidats. Et contrairement aux idées diffusées ou supposées par divers médias nationaux et internationaux, ces candidatures ne sont pas sélectionnées ou classées par le CNE ou le gouvernement vénézuélien. Il existe une loi organique sur les processus électoraux sanctionnée par l'Assemblée nationale vénézuélienne qui, dans son titre V (développé en détail dans sept chapitres), établit les conditions et les exigences pour la nomination des candidats, les critères pour déterminer le moment et l'opportunité de la nomination et le format sous lequel ils doivent le faire. La mention de cette loi est continuellement omise dans le récit de la « dictature », car l'ignorance volontaire du cadre réglementaire permet de reproduire facilement l'idée que tous les événements électoraux sont manipulés par le gouvernement. L'article 55 de cette même loi, par exemple, établit que les conditions requises pour se présenter aux élections sont celles prévues par la Constitution nationale (promulguée en 1999), et l'article 61 prévoit une période de cinq jours à compter de la date de la nomination pour que le CNE prenne une décision sur son admission.

Cependant, le travail du CNE ne se limite pas à l'admission des candidats, mais s'étend également à la gestion de l'information électorale correcte, liée aux garanties et droits de chaque électeur ; ainsi qu'à la transparence et à la fiabilité du système électoral.

Pour chaque élection, le CNE organise une période spéciale d'inscriptions sur les listes électorales et d'actualisation des données d'électeurs. Lors de ces élections, cet événement a duré un mois, entre mars et avril, avec des sites d'inscription et de mise à jour des données installés dans les lieux les plus fréquentés et les plus accessibles, comme les places publiques, les stations de métro et les marchés alimentaires. Cette « période spéciale » est inclue dans le calendrier électoral, qui est largement diffusé et promu auprès des citoyens et des différents acteurs politiques.

Dans le chronogramme officiel figurent également, à partir de la fin du mois d'avril, les audits techniques préalables à l'élection, dont presque personne n'a parlé. Ces audits sont réalisés par des experts techniques et le CNE. Un premier audit du logiciel du *Système intégré de votation* a été réalisé le 29 avril (initialement prévu pour le 15 mars), et à partir de là se sont succédés pas moins de 16 audits du système électoral dans son ensemble. Si bien les techniciens et fonctionnaires du CNE ont une participation active dans ces audits, rares sont ceux qui soulignent le fait que toutes les organisations politiques, de même que les observateurs nationaux et internationaux, ont le droit de participer à ces audits. Librement. Drôle de dictature.

De la même façon, déjà depuis l'annonce, il était possible d'identifier un large éventail de candidats et d'organisations politiques inscrits pour participer à la compétition électorale. Le 26 mars (à la fermeture de l'inscription pour les candidats), un total de 37 partis politiques ont enregistré 13 candidats auprès du Conseil national électoral.

Les candidats Luis Eduardo Martínez, Daniel Ceballos, Antonio Ecarri, Juan Carlos Alvarado, José Dionisio Brito Rodríguez, Benjamín Rausseo, Javier Bertucci, Claudio Fermín, Luis Ratti, Enrique Márquez, Nicolás Maduro Moros, Manuel Rosales et Edmundo González Urrutia.

Les partis *Organización Movimiento Republicano* (OMR), *Bandera Roja* (BR), *Unión Nacional Electoral* (UNE), *Asamblea Renovación y Esperanza* (Arepa), *Voluntad Popular Activista, Partido Popular Lápiz, Cambiemos Movimiento Ciudadano, Avanzada Progresista, Movimiento de Integridad Nacional, Movimiento Ecológico de Venezuela, Organización Política Electoral Independiente* (Copei), *Organización Primero Venezuela, Unidad Visión Venezuela, Venezuela Unida, Confederación Nacional Democrática* (Conde), *Esperanza por el Cambio* (El Cambio), *Soluciones por Venezuela* (SPV), *Derecha Democrática Popular* (DDP), *Movimiento Central en la Gente* (Centrado), *Partido Socialista Unido de Venezuela* (PSUV), *Partido Comunista de Venezuela* (PCV), *Por la Democracia Social* (Podemos), *Enamórate Venezuela* (EV), *Patria Para Todos* (PPT), *Movimiento Somos Venezuela* (MSV), *Alianza para el Cambio* (APC), *Partido Verde de Venezuela* (PVV), *Organización Renovadora Auténtica* (ORA), *Unidad Popular Venezolana* (UPV), *Partido Futuro Venezuela* (APFV), *Tendencia Unificada para Alcanzar el Movimiento de Acción Revolucionaria Organizada* (Tupamaros), *Movimiento Electoral del Pueblo* (MEP), *Un Nuevo Tiempo Contigo* (UNTC), *Fuerza Vecinal* (FV), *Movimiento Progresista Venezuela* (MPV), *Mesa de la Unidad Democrática* (MUD) *et Acción Democrática* (AD).

Et l'opposition est réduite par AP, l'AFP, Reuters et EFE à un seul personnage : celui soutenu par les États-Unis, se plaignant amèrement de la dictature, mais s'investissant jusqu'au bout dans les élections. Ironie grinçante.

Certains rétorqueront que les onze autres candidats d'opposition, Edmundo mis de côté, sont manipulés par le gouvernement chaviste. Il suffit d'une simple recherche sur *Wikipédia* pour comprendre que ce n'est pas le cas. Peut-être que *Wikipédia* est aussi à la solde de Maduro, qui sait ?

La scène est installée. Tout a été fait pour qu'un duel exclusif se fasse entre le candidat Nicolas Maduro Moros et l'inéligible d'extrême droite Maria Corina Machado, par la voix de son remplaçant Edmundo Gonzalez Urrutia. Et ce duel aura bien lieu.

## La comédie des observateurs internationaux

J'ai une certaine expérience des missions d'observation électorale au Venezuela, et plus largement en Amérique latine. J'ai participé à de nombreuses missions au Mexique, en Colombie, en République dominicaine, et évidemment, à plusieurs reprises déjà, au Venezuela. Cette fois, le CNE a – entre autre – invité une mission d'observation de *COHESIA*. J'étais donc présent au Venezuela pendant deux mois, avant et après le 28 juillet, pour accompagner le scrutin et établir des rapports sur le processus électoral, remis aux autorités du CNE pour observation et recommandations à donner.

Première précision. Il va sans dire qu'aucun observateur n'est dénué d'opinions sur le scrutin en cours. Moi le premier. Mais si mission il y a, alors le respect de la souveraineté et de l'indépendance du pays et des institutions par lesquels vous êtes invités doit être absolu.

Seconde précision. Que les choses soient claires : la présence d'« observateurs » internationaux n'a jamais été un préalable au caractère démocratique d'un scrutin. Personne n'a réclamé la présence d'observateurs internationaux aux États-Unis, lorsque Trump a été réélu, pas plus qu'on en ait réclamé pour l'élection d'Emmanuel Macron en France ou de Pedro Sanchez en Espagne. Les observateurs peuvent être en effet utiles s'il y a un doute quant à la fiabilité d'un scrutin, soit parce qu'un pays sort de guerre, soit parce qu'il sort d'une période autoritaire. Bingo ! Le Venezuela étant soi-disant une dictature, il faut donc des observateurs pour garantir l'impartialité du processus électoral et la fiabilité du scrutin.

Cette comédie des observateurs, qui s'est répétée de nouveau à l'occasion de ces élections, le Venezuela la connaît bien. Notamment sous la présidence d'Hugo Chavez, de nombreux observateurs internationaux de tous bords étaient invités régulièrement pour faire face aux allégations de fraude supposée. De respectables organismes étaient invités, y compris nord-américains, et reconnus de tous pour le minimum d'impartialité dont ils faisaient preuve. C'est ainsi que la jadis respectée Fondation Carter, du nom et par la voix de l'ancien président états-unien et prix Nobel de la paix Jimmy Carter qui la dirigeait, qualifiait en ces termes le système électoral vénézuélien en 2012 : « sur les 92 élections que nous avons suivies, je dirais que le processus électoral au Venezuela est le meilleur au monde »[41]. Rien que ça ! Nous reviendrons sur le cas du *Carter Center*.

Comme dans tout pays souverain, l'invitation se fait par l'institution officielle organisant les élections, ici le CNE. La mission d'observation se distingue de la mission d'accompagnement, qui existe dans certains pays (pas tous) et qui est organisée par les mouvements et partis politiques. Ce détail a son importance. J'ai participé à ces deux types de missions, dans divers pays. Au Venezuela, pays souverain, les accords de la Barbade prévoyaient bien des « missions techniques d'observation électoral », parmi lesquelles celles de l'Union européenne, des experts électoraux de l'ONU et de la Fondation Carter, « avec pour objectif l'observation du processus électoral présidentiel, strictement encadrée par la Constitution, la loi et les accords souscrits avec le Pouvoir électoral »[42].

Accepter des observateurs dans son pays, c'est déjà accepter que l'on puisse remettre en doute et jeter la suspicion sur la crédibilité de votre démocratie. On peut féliciter le gouvernement vénézuélien d'avoir accepté pour la énième fois ces missions d'observation. À certaines occasions, avec la

---

[41] Smartmatic. (2012, 20 septembre). *Carter asevera que el sistema electoral venezolano es el mejor en el mundo.*

[42] Cf. Chapitre I

fierté vénézuélienne qui les caractérisent, les autorités vénézuéliennes avaient mis un terme à cela et substitué ces missions d'observation par des missions d'accompagnement uniquement, arguant du fait qu'elles s'étaient transformées avant tout en des missions d'ingérence arrogantes de pays du « Nord » qui viendraient donner des leçons aux pays du « Sud ». Peut-on leurs donner totalement tort ?

Toujours est-il qu'à la Barbade, des noms précis sont cités, à la demande de l'opposition : l'ONU, l'Union européenne et la Fondation Carter (encore).

Vient alors la première comédie : celle de l'Union européenne, « observateur » bien neutre de l'actualité politique vénézuélienne. Neutre comme son Haut représentant aux affaires étrangères, Josep Borrell, qui en 2018 condamnait déjà « la dictature vénézuélienne »[43]. Ou neutre comme lorsque l'UE réagit aux accords de la Barbade en saluant la « restauration de la démocratie au Venezuela », tout en appuyant « un résultat négocié pacifique »[44].

Une Union européenne si neutre qu'elle n'a pas attendu un mois après les accords de la Barbade pour renouveler les « sanctions » qu'elle impose à une cinquantaine de fonctionnaires des institutions vénézuéliennes, dont l'actuel président du CNE, Elvis Amoroso.

> Ces mesures [...] peuvent être annulées à la lumière des progrès réalisés sur la voie du rétablissement de la démocratie, de l'État de droit et du respect des droits de l'homme au Venezuela. » (Journal officiel de l'UE, 10 novembre 2023)[45]

---

[43] La Vanguardia. (2018, 17 octobre). *Borrell habla de dictadura en Venezuela mientras PP y Cs le acusan de dar oxígeno a Maduro.*

[44] Foreign, Commonwealth & Development Office. (2023, 18 octobre). *Venezuela negotiations: joint statement, 17 October 2023.*

[45] *Règlement d'exécution (UE) 2023/2500 du Conseil du 10 novembre 2023 mettant en œuvre le règlement (UE) 2017/2063 concernant des mesures restrictives en raison de la situation au Venezuela.*

Le vocabulaire employé est stupéfiant. En résumé : « Nous sommes les maîtres de la démocratie, vous êtes les élèves. Nous viendrons donc le 28 juillet pour l'évaluation. En attendant, faîtes des progrès et revenez nous voir ». Comprenez que les Vénézuéliens, si fiers, puissent trouver cela un tantinet arrogant. Le Venezuela, las, ignore sur le moment et maintient l'invitation pour la mission d'observation de l'UE pour les élections. Une première équipe « exploratoire » est reçue officiellement à Caracas en avril 2024, quatre mois avant le scrutin.

Le 13 mai 2024, l'UE récidive.

> Compte tenu [...] des actions qui continuent à porter atteinte à la démocratie, à l'état de droit et au respect des droits de l'homme, faute de progrès concrets, vérifiables et durables dans la situation au Venezuela [...] le Conseil estime qu'il y a lieu de proroger les mesures restrictives. [...] En vue de promouvoir l'organisation d'élections inclusives, crédibles et pluralistes au Venezuela [...] il convient de suspendre les restrictions de déplacement appliquées à quatre personnes physiques inscrites sur la liste ». (Journal officiel de l'UE, 13 mai 2024)[46]

Les « sanctions » sont prolongées avec un ton toujours aussi arrogant, et un « geste » est fait en suspendant seulement les restrictions de déplacement au président du CNE. C'en est trop. Jorge Rodriguez, le président de l'Assemblée nationale réagit et envoie une lettre au président Amoroso lui demandant d'annuler la mission d'observation de l'UE.

> Il ne nous appartient pas de prendre la décision, mais il nous appartient de donner notre avis, et je crois qu'avec cette attitude raciste, arrogante, grossière, insultante de l'Union européenne, l'invitation à une mission d'observation

[46] *Décision (PESC) 2024/1339 du Conseil du 13 mai 2024 modifiant la décision (PESC) 2017/2074 concernant des mesures restrictives en raison de la situation au Venezuela.*

> électorale est rendue matériellement impossible parce que illégale. (Jorge Rodriguez, 15 mai 2024)[47]

Le 28 mai, le CNE annonce la révocation de l'invitation faîte à l'UE. L'UE est *persona non grata* pour le 28 juillet.

La deuxième comédie, c'est celle des observateurs restants. En anticipant chronologiquement les événements liés à l'élection en elle-même, que nous conterons par la suite, il convient d'évoquer maintenant le cas de la mission onusienne et de la Fondation Carter.

Pour la mission onusienne, c'est un peu particulier. Ce n'est pas une mission d'observation électorale de l'ONU à proprement parler. Les missions d'observation doivent être approuvées par le Conseil de sécurité ou l'Assemblée générale[48]. Ce n'est pas le cas ici. Il s'agit seulement d'un « Panel d'experts électoraux », un type d'assistance technique apporté par les Nations unies à la demande des États membres. Ce panel est composé de quatre membres, dont l'identité est gardée secrète. Pourquoi ? Parce que le but de ce panel est (normalement) de rédiger un rapport interne remis uniquement au secrétaire général de l'ONU, et contenant des recommandations pour de futurs processus électoraux.

> Sans mandat législatif, les Nations unies ne peuvent pas observer ou évaluer publiquement les processus électoraux d'un État membre et, par conséquent, le groupe d'experts ne fera aucune déclaration publique. (ONU Venezuela, 9 juillet 2024)[49]

Un rapport à caractère technique et confidentiel donc, sans aucune déclaration publique possible. C'est écrit explicitement dans le communiqué

---

[47] DW. (2024, 15 mai). *Venezuela: Congreso pide que UE no sea observadora electoral.*

[48] Lire la directive de politique générale sur l'« Assistance électorale des Nations unies », du 17 janvier 2013, pour bien comprendre les distinctions entre les différentes activités d'assistance électorale de l'ONU.

[49] Naciones Unidas Venezuela. (2024, 9 juillet). *El panel de expertos electorales de la ONU llegó a Venezuela.*

de presse du bureau de l'ONU au Venezuela. Peu importe ! Il aura fallu que trois jours au « panel d'experts » pour quitter le pays après l'élection, puis quelques jours supplémentaires pour rendre public un rapport préliminaire daté du 9 août mais rendu public le 13 août. Quelques médias mentionnent rapidement le point, tout en se faisant bien plus largement écho d'un rapport faisant état d'élections sans « mesures de base de transparence et d'intégrité qui sont essentielles pour la tenue d'élections crédibles »[50]. Personne ne posera pourtant deux questions essentielles. Pourquoi ces « experts » sont partis aussi vite du pays, n'ayant rien d'autre à examiner que le jour de l'élection ? Et pourquoi ces « experts » ont-ils rendu public leur rapport préliminaire quelques jours après leur sortie du Venezuela ? Peut-être qu'en apprendre un peu plus sur l'identité de ces quatre « experts » nous en révèlerait davantage ; malheureusement cette information restera – elle – bien confidentielle. À ce stade, nous ne pouvons donc que nous contenter de ces questions.

La mission de l'UE n'avait donc pas sa place, et le panel onusien n'a pas agi sans éveiller de réels doutes quant à son impartialité. Il reste la Fondation Carter.

Sous la présidence de Chavez, la Fondation Carter avait un avantage pour elle dont très peu d'observateurs électoraux pouvaient jouir au Venezuela. Elle était à la fois respectée par la plupart des pays occidentaux, de par la qualité des rapports et recommandations établies ; et par les chavistes et leurs gouvernements, heureux de voir leur système électoral reconnu positivement et à sa juste valeur, qui plus est par des *gringos*. Seulement, la Fondation Carter a bien changé depuis la disparition du président Chavez.

Elle a changé de mains d'abord. Face à un Jimmy Carter vieillissant, la boite change de patron. En 2014, après vingt-deux ans à la tête de la fondation, John Hardman laisse sa place de PDG à Mary Ann Peters. Une diplomate de carrière qui a travaillé pendant trois décennies au Département d'État. Elle a notamment été à la tête du Conseil de sécurité nationale sous

---

[50] Singer, F. (2024, 14 août). *La ONU concluye que las elecciones en Venezuela no cumplieron las medidas de integridad y transparencia.* El País.

l'administration de Bush père. Sous sa direction, en 2015 sont fermés les bureaux de la fondation à Caracas[51], pourtant ouverts et actifs depuis treize ans, et juste avant les importantes élections législatives de la même année. Elle reste à la tête du *Carter Center* jusqu'en 2020.

Lui succède alors Paige Alexander[52], personnage dont le CV public parle de lui-même. Dirigeante des bureaux Europe, Eurasie et Moyen-Orient de l'USAID, elle a aussi été consultante pour trois importantes fondations « philanthropiques » de milliardaires états-uniens : la *Charles Stewart Mott Foundation*, le *Rockefeller Brothers Fund* et *l'Open Society Foundation.* Nous avons déjà parlé de l'USAID dans ce livre. Que dire de l'*Open Society*, du sulfureux milliardaire Georges Soros, connu pour son soutien et ses rôles dans les stratégies de changement de régime à travers le monde. En 2020, sa fondation a dépensé 73 millions de dollars en Amérique latine. La plus grande part de l'investissement allant dans le soutien aux « pratiques démocratiques » (32%). Sans donner plus de détails, dans un rapport de deux pages seulement, l'*Open Society* cite le Venezuela parmi les destinataires d'aides aux journalistes pour exposer les atteintes « aux valeurs et institutions démocratiques »[53]. On sait le soutien de cette fondation à diverses ONG vénézuéliennes, foncièrement anti-chavistes.

Peu importe que la Fondation Carter ait changé de mains. Son invitation est maintenue au Venezuela, en respect des accords de la Barbade. Sa délégation est dirigée par Jennie Lincoln[54], qui arrive à Caracas fin juin, avec un peu moins d'une vingtaine d'assesseurs. Là aussi de manière inexpliquée (pour une mission d'observation), la délégation du *Carter Center* repartira du Venezuela à peine 48 heures après le scrutin, sans rapport préliminaire mais avec une déclaration publique reprise par la presse internationale

---

[51] Fox News. (2015, 5 août). *Carter's foundation shuts down pro-democracy office in Venezuela ahead of heated election.*

[52] The Carter Center. *Paige Alexander.* [Site web]

[53] Open Society Foundations. (2022, 4 mai). *Open Society Foundations en América Latina y el Caribe.*

[54] The Carter Center. *Jennie Lincoln.* [Site web]

affirmant catégoriquement que l'élection « ne peut pas être considérée comme démocratique »[55]. Par la suite, Madame Lincoln ira elle-même devant le Conseil permanent de l'OEA brandir les supposés « vrais » procès-verbaux de l'élection[56], ceux que lui aurait transmis l'équipe du candidat opposant Edmundo Gonzalez.

Voilà donc les trois « garanties » que l'opposition d'extrême droite vénézuélienne a demandé pour observation électorale. Façon *commedia dell'arte*, l'opposition entame donc son *show*.

---

[55] The Carter Center. (2024, 30 juillet). *Declaración del Centro Carter Sobre la Elección en Venezuela*.

[56] Singer, F. (2024, 2 octobre). *El Centro Carter presenta a la OEA las actas originales de la votación en Venezuela que otorgan la victoria de Edmundo González*. El País.

# CHAPITRE IV
## L'ÉLECTION, OU LE *SHOW*

### *« Hasta el final », ou la fraude (et la violence) jouées d'avance*

À l'aune de ce que l'on a constaté dans les chapitres précédents, il va sans dire que l'élection présidentielle vénézuélienne du 28 juillet a été un véritable *show*. Suite de nombreux *shows* similaires qu'a connu le pays auparavant, et prélude des *shows* à venir.

Venons-en désormais à l'élection en elle-même.

### La double campagne électorale

L'élection présidentielle s'est tenue sur la base de deux campagnes électorales. Une campagne électorale réelle, au Venezuela, principalement partagée entre meetings pro-Gonzalez et meetings pro-Maduro ; et une campagne fictive, orchestrée sur la scène internationale par l'opposition et ses alliés.

La campagne réelle a bien eu lieu. Et plutôt que d'entrer dans les détails de chaque polémique ou débat politique qui l'ont traversée, propres à toute campagne électorale, avec vous je voudrais avant tout la constater, cette campagne. À travers tous les États du Venezuela, chavisme et opposition ont fait campagne. L'opposition a mobilisé ses bases dans des meetings parfois importants en nombre, et le chavisme a fait de même dans des meetings tout aussi mobilisateurs. Sous la « dictature » vénézuélienne, il y a donc eu campagne électorale.

Et si la presse internationale, avec ses relais sur les réseaux sociaux (dont nous parlerons plus loin), s'est largement faite écho des meetings de l'opposition, l'inverse reste à prouver. Pourtant, les drones ne manquaient pas pour prendre parfois de spectaculaires photographies aériennes, attestant de masses très nombreuses mobilisées par le candidat-président Maduro.

Prenons en exemple les meetings de clôture des deux campagnes principales respectives, le 25 juillet 2024. L'opposition réunit ses partisans dans ses quartiers, ceux de Las Mercedes, de l'est riche de Caracas. Une mobilisation raisonnable, mais qui peine à trouver ses plans larges parmi les photographes des agences de presse occidentales. Non pas parce qu'ils n'existent pas, mais parce que la mobilisation n'a pas suffi à générer des plans significatifs en foule.

À l'inverse, le chavisme a fait quant à lui de nouveau le pari de la gigantesque avenue Bolivar, longue de deux kilomètres, que seul Chavez réussissait auparavant à remplir intégralement. Et les militants chavistes le reconnaissent aisément : Maduro n'avait jamais réussi à mobiliser sur cette avenue autant que le défunt Chavez. Jusqu'à ce 25 juillet 2024. Ce jeudi-là, l'affluence chaviste sur la Bolivar a atteint un niveau au moins jamais vu sous la présidence Maduro, si ce n'est comparable aux mobilisations signées *Chavez*. L'avenue était remplie de bout en bout, et les rues adjacentes également. Je l'ai vu de mes propres yeux, et je mets au défi n'importe quel dirigeant de pays donneurs de leçons, comme Macron ou Sanchez, de réunir autant de monde sur la place publique pour les soutenir. Sur l'avenue Bolivar, ce 25 juillet, il y avait déjà un signal politique clair et net pour qui voulait bien le voir.

Avenue Bolivar pour la clôture de campagne de Nicolas Maduro (réseaux sociaux)

Qu'importe. Aucun plan large du meeting de clôture de Maduro n'a été capté par les agences AP, AFP, EFE ou Reuters ; pourtant toutes présentes sur place avec leurs photographes respectifs. Au mieux, l'AFP s'est contentée d'évoquer de « grands rassemblements dans la capitale » de part et d'autre, « dans un climat tendu et des craintes de fraudes ou de violences »[57]. De son côté, *El Pais* d'Espagne publie « les clôtures de campagnes au Venezuela en images », avec en photo de couverture le binôme Gonzalez-Machado. Et sur les treize photographies publiées dans ce portfolio, neuf ont été prises dans des rassemblements de l'opposition et quatre seulement dans ceux du chavisme, dont deux plans serrés de Maduro. Des photographies parfois même présentées comme neutres, mais pourtant bien issues de l'opposition[58].

La campagne électorale vénézuélienne réelle a donc été couverte fictivement à l'international, et de façon unidirectionnelle.

Une campagne dans une démocratie pourtant sous menace permanente. À l'image des sabotages ou tentatives de sabotages orchestrés contre les infrastructures stratégiques du pays, dans l'objectif de maintenir l'image d'un pays failli, malgré l'évidente et récente récupération économique. Comme ce 25 juin, dans l'État de Bolivar, lorsque la vice-présidente Delcy Rodriguez Gomez annonce et dénonce une tentative de sabotage du pont suspendu Angostura, long de 1678 mètres au-dessus du stratégique fleuve Orénoque, et dont les câbles de maintien auraient été sectionnés à dix ou vingt pourcents, avant que le plan ne soit déjoué à temps par les autorités[59]. Mais si c'est la « dictature » qui le dit, c'est forcément faux ?

Menace permanente de puissances étrangères également, contre un pays souverain. Fin janvier lorsque le Département du Trésor des États-Unis révoque la licence d'exploitation à *Minerven*, entreprise minière publique du

---

[57] La Croix avec l'AFP. (2024, 25 juillet). *Venezuela : fin de campagne présidentielle tendue avec de grands rassemblements.*

[58] El País. (2024, 26 juillet). *Los cierres de campaña en Venezuela, en imágenes.*

[59] VTV. (2024, 25 juin). *Delcy Rodríguez denuncia a oposición por sabotaje al Puente de Angostura.*

Venezuela, suite à la ratification de l'inéligibilité de Maria Corina Machado par le TSJ. Le porte-parole du Département d'État, Matthew Miller, menace le pays de rétablir en avril d'autres sanctions au secteur pétrolier s'il n'y a pas de « changement de cap de la part du gouvernement »[60]. Chantage et menace mise à exécution le 17 avril, lorsque l'administration Biden annonce qu'elle laissera expirer, sans renouvellement, les licences temporaires accordées au secteur pétrolier et gazier du Venezuela[61]. Cela sans parler de nouveau des sanctions de l'Union européenne, frisant le ridicule.

Il y avait bien deux campagnes liées à l'élection présidentielle vénézuélienne. L'une au Venezuela, l'autre contre le Venezuela, faîte de chantages et de menaces permanentes.

## Trois jours pour installer la fiction de la fraude

Le 28 approche. Et les prémices d'un *show* savamment orchestré et annoncé commencent à pointer leur nez, dès la fin officielle de la campagne électorale. Objectif : faire en sorte que l'opinion publique nationale et internationale ait des « craintes d'une fraude massive », pour ensuite crier à la fraude « avérée » le jour J[62]. Cela se joue à partir de la clôture de campagne officielle, le 25 juillet.

Ainsi, dès le 26 juillet, l'on voit apparaître sur les réseaux sociaux, ici et là des images de bureaux de vote avec de l'agitation. Des tables dont l'installation « a commencé à 5h41 » le vendredi au lieu de 8h00 du matin

[60] Guerrero, L. (2024, 31 janvier). *EE. UU. reactiva sanciones a Venezuela tras inhabilitación de Machado.* La República.

[61] Finnegan, C., & Stoddart, M. (2024, 17 avril). *Biden administration to end sanctions waiver for Venezuelan oil.* ABC News.

[62] Motais, C. (2024, 7 juillet). *Élection au Venezuela : Les craintes d'une fraude massive laissent présager le pire.* Le Journal du Dimanche.

dans une école de la ville de *Los Puertos de Altagracia*[63]. Aucune preuve, aucun nom, si ce n'est une vidéo floue. Peu importe. Le début du *show* continue avec des « témoins » de l'opposition qui seraient empêchés d'entrer dans les bureaux de vote. Quelques dizaines de vidéos à l'appui pour tout au plus quelques dizaines de bureaux de vote dans le pays, avec quelques personnes agitées dénonçant des irrégularités et le début supposé de la « fraude ». Quelques dizaines, là où l'opposition avait annoncé avoir des témoins dans tous les bureaux de vote du pays.

Peu importe, le récit de la fraude s'installe tout doucement, et personne ne se pose la question de savoir si tous ces incidents cités peuvent avoir une quelconque incidence sur le scrutin, ni même s'ils sont vrais. Rares sont les plaintes que l'on a pu retrouver par la suite pour dénoncer ces supposées irrégularités. Toute démocratie enregistre ses incidents le jour d'un scrutin, et à supposer que l'on ait la naïveté de croire en la crédibilité de la totalité de ces « incidents » invérifiables du 26, personne ne peut croire que des incidents de cette nature dans quelques dizaines de bureaux aient pu avoir une quelconque influence sur les résultats d'une élection aux plus de 21 millions d'inscrits.

Cela n'empêchera pas les journaux nationaux d'opposition, comme *El Nacional* et *El Diario*, de s'emparer du sujet en dénonçant « des irrégularités dans l'installation des bureaux de vote »[64], laissant planer dans l'air l'idée d'irrégularités généralisées dans une grande partie des bureaux de vote. La journée du 26, à deux jours de l'élection, est donc assurée en « suspicions de fraude ». Problème : l'équipe de campagne Gonzalez-Machado, par la voix de Delsa Solorzano – sa porte-parole et représentante auprès du CNE –, avoue elle-même à demi-mot la supercherie, piégée par son propre double discours. « Sur 30026 bureaux, nous enregistrons moins d'un pourcent d'incidents car nos témoins étaient présents partout », dit-elle dans une conférence de

[63] El Nacional. (2024, 26 juillet). *Denuncian irregularidades en instalación de las mesas de votación para las presidenciales.*

[64] Tagliafico, F. (2024, 26 juillet). *Denunciaron irregularidades en la instalación de mesas electorales.* El Diario.

presse[65]. Si la candidature allait publiquement dans le sens de cette première supercherie, elle n'aurait pu justifier par la suite avoir l'intégralité des procès-verbaux entre ses mains pour prouver la « fraude ». Nous y reviendrons plus loin.

La machine de la « fraude » suit son cours, et le lendemain 27 juillet, c'est la presse internationale qui est cette-fois à l'initiative.

*Le Venezuela interdit des observateurs internationaux de séjour à la veille du scrutin présidentiel*, répètent en cœur les médias *mainstream* français le 27 juillet, reprenant l'AFP[66]. Même refrain du côté allemand, avec la *Deutsche Welle* (DW) affirmant une « montée des tensions suite à l'interdiction d'observateurs »[67]. Du côté britannique, la BBC va plus loin en affirmant que des observateurs ont été refoulés du Venezuela alors que « l'année dernière Maduro [avait] autorisé la présence d'observateurs internationaux »[68], faisant référence aux accords de la Barbade.

Mais qui sont donc ces observateurs internationaux refoulés ? Ceux des accords de la Barbade ? La mission de l'UE a été annulée (on a vu pourquoi), et les missions de l'ONU et de la Fondation Carter sont déjà sur place. Qui est donc « interdit de séjour » ?

Dans n'importe quel pays du monde, au passage de la police migratoire, chacun répond oralement ou par écrit à cette question : quel est le motif de votre voyage ? Si vous êtes touriste et que vous n'avez pas de visa, vous n'entrez pas. Si vous êtes professionnel sans autorisation de travail ou résidence temporaire, vous n'entrez pas. Si vous déclarez être touriste ou professionnel sans être réellement touriste ou professionnel, vous n'entrez pas. Et si vous êtes un « observateur international » non enregistré pour une

---

[65] Vente Venezuela. (2024, 27 juillet). *#Declaraciones: Delsa Solórzano sobre instalación de mesas electorales* [Vidéo]. YouTube.

[66] RFI avec l'AFP. (2024, 27 juillet). *Le Venezuela interdit des observateurs internationaux de séjour à la veille du scrutin présidentiel.*

[67] DW. (2024, 27 juillet). *Venezuela: crece tensión por impedir llegada de observadores.*

[68] Rocha, L., & Vock, I. (2024, 27 juillet). *Venezuela accused of grounding Latin American ex-leaders' flight.* BBC News.

élection, vous n'entrez pas non plus. Et cela, qui plus est lorsque vous venez vous ingérer dans les affaires internes du pays.

C'est ainsi que vont s'autoproclamer « observateurs » des personnalités politiques de droite et d'extrême droite à travers le monde, en tentant d'entrer de façon synchronisée au Venezuela les deux jours précédents l'élection[69].

Une délégation de dix parlementaires du PP espagnol prend l'avion pour Caracas, atterrit et est interdite d'entrer sur le territoire. Face à la situation, le leader du parti conservateur, Alberto Feijoo, dit « être en contact avec Maria Corina Machado ». Direction de la délégation : prochain charter. La comédie est d'autant plus grotesque que les affaires étrangères espagnoles avait déjà avertie la délégation qu'elle n'avait pas l'autorisation du Venezuela pour entrer sur son territoire. But de l'opération donc : se prendre en photo à l'aéroport au Venezuela, faire un tweet, puis repartir.

Même chose pour les « vertes » colombiennes Claudia Lopez, ex-mairesse de Bogota, et Angélica Lozano, sénatrice, qui prennent l'avion pour Caracas afin d'y rencontrer Maria Corina Machado, en soutien aux « frères vénézuéliens » pour « faire tomber le régime dictatorial de Maduro ». Claudia Lopez aime d'ailleurs tant ses « frères vénézuéliens » qu'elle a été condamné en 2020 par la Cour constitutionnelle colombienne à se rétracter publiquement après des propos tenues contre les migrants vénézuéliens qu'elle liait à l'insécurité dans le pays[70]. Direction : prochain charter.

Encore le même show pour Felipe Kast et José Manuel Rojo Edwards, de la droite conservatrice chilienne. « Nous venons en voyage officiel du Sénat », disent-ils. Atterrissage à Caracas, vidéos en selfie, puis retour dans le premier charter. Les mots-clés de leurs tweets : « dictature », « dictateur », ou encore « dictateur » et « dictature ».

---

[69] El Tiempo. (2024, 27 juillet). *Elecciones Venezuela: estos son los observadores internacionales que fueron vetados o deportados antes de los comicios.*

[70] Semana. (2021, 20 décembre). *Por orden de un juez, Claudia López se retractó de comentarios contra migrantes venezolanos.*

Enfin, c'est au tour de la Fondation IDEA d'envoyer une délégation. Vous ne connaissez pas IDEA ? C'est une sorte de maison de retraite VIP pour anciens présidents conservateurs et réactionnaires, latinoaméricains et espagnols. À titre d'exemples, on y trouve des ex-chefs d'État accusés de corruption comme les équatoriens Lenin Moreno et Guillermo Lasso, ou des ex-présidents souvent pointés du doigt pour leurs liens présumés avec le narcotrafic, comme le colombien Alvaro Uribe ou le mexicain Felipe Calderon. Le 18 juillet, la fondation se fend d'un communiqué[71] dénonçant (une fois de plus) le Venezuela comme un régime « despotique » et une « dictature du XXIe siècle ». Neuf jours plus tard, l'avion de la délégation, comprenant cinq ex-chefs d'État, ne décollera même pas de l'aéroport Tocumen de Panama, n'y étant pas autorisé par le Venezuela. Dommage pour la vidéo à l'aéroport de Caracas, qu'ils feront tout de même à l'intérieur de l'avion sur le tarmac de l'aéroport à Panama.

Rarement de simples photos et vidéos auront été aussi onéreuses donc, mais personne ne demandera des comptes. Si la presse internationale les présente comme des « observateurs internationaux », les intéressés s'en défendent sur le moment, en se présentant comme des « invités » du candidat Gonzalez et de la « *leader* » Machado. Les accords de la Barbade prévoyaient en effet « le droit des acteurs politiques à inviter des accompagnateurs nationaux et internationaux ». Fallait-il lire la phrase jusqu'au bout : « dans le cadre de la loi ». Aucune loi n'a été respectée. Ni la vénézuélienne, ni celle d'aucun pays souverain. Aucun pays souverain et indépendant ne peut accepter sur son territoire des autorités politiques étrangères non déclarées et soutiens sans faille d'ingérences extérieures ayant conduit à la déstabilisation d'institutions publiques et à l'asphyxie de l'économie du pays. Je répète : ni le Venezuela, ni aucun pays du monde.

---

[71] IDEA. (2024, 18 juillet). *Declaración sobre las elecciones presidenciales y la represión en Venezuela.*

Les trois jours précédant l'élection ont donc permis de chauffer à blanc l'opinion publique nationale et internationale sur le Venezuela, pour la préparer à la supposée « véritable fraude » du 28 juillet.

## Le jour J sur place : la normalité et les incidents constatés

Vient alors le jour J. Le dimanche 28 juillet, à cinq heures du matin, les trompettes de la *Diana de Carabobo* retentissent dans tout le Venezuela pour annoncer le jour d'élection.

Sur place, j'intègre avec l'équipe d'observateurs *COHESIA* le protocole du CNE pour la journée électorale à Caracas. Une autre équipe est également présente hors-protocole dans l'État de Lara, à Barquisimeto, quatrième ville du pays. Nous avons l'expérience des missions d'observation ou d'accompagnement sur invitation du CNE vénézuélien. Le CNE établit des groupes dans lesquels chaque observateur et leurs équipes peuvent s'intégrer librement, et l'on choisit ces groupes en fonction des centres de vote que l'on veut visiter à travers le pays. Une organisation qui permet surtout des facilités en termes de transport, de sécurité et d'interprètes pour les équipes en ayant besoin. J'insiste sur l'aspect sécuritaire, qui n'est pas lié à l'insécurité dans le pays, mais à celle que subissent les observateurs invités par le CNE et qui ne sont pas complaisants avec l'extrême droite vénézuélienne. Menaces et intimidations sont monnaie courante, et vous avez bien remarqué à la lecture de ce livre que nous ne sommes pas de ceux qui soient les plus complaisants avec l'extrême droite, pour ainsi dire.

Ce processus organisé par le CNE a donc toujours été libre et non contraignant. Et il l'a été cette-fois ci également, bien que l'on puisse reprocher parfois quelques lacunes bureaucratiques au protocole, ressenties depuis la disparition de la regrettée Tibisay Lucena, ex-présidente du CNE – et par extension – de ses équipes.

Visites de centres de vote à Caracas par l'équipe d'observateurs de COHESIA

Visites de centres de vote à Caracas par l'équipe d'observateurs de COHESIA

Visites de centres de vote à Caracas par l'équipe d'observateurs de COHESIA

Nous décidons dans un premier temps d'intégrer un groupe d'observateurs qui va visiter des centres de vote dans la municipalité *Libertador*, dans des zones oscillant entre classes moyennes et quartiers populaires. Nous visitons trois centres pendant la matinée. Tout se passe dans un calme et une organisation exemplaire. Tradition au Venezuela antérieure au chavisme, l'armée est déployée à travers le *Plan Republica*, visant à assurer la sécurité du matériel électoral à travers tout le pays. Nous voyons donc des soldats à l'entrée des bureaux de vote, aidant les personnes à mobilité réduite à gravir les escaliers, orientant les électeurs vers le bureau qui leur correspond. Aucun prosélytisme politique à l'œuvre. Il y a des témoins du chavisme et de l'opposition dans chaque bureau, et d'ailleurs souvent davantage de témoins de l'opposition, étant donné le nombre de partis inscrits adverses au candidat Maduro.

Il me semble important de mentionner ces détails. Dans le cadre du *Plan Republica*, les militaires vénézuéliens ont, dans leur fonction, fait un travail irréprochable ce jour. Personne, ni même l'opposition, n'a affirmé le contraire.

Seul un « incident » concernant les militaires a été signalé, à l'entrée du bureau de vote où exerce son droit citoyen Maria Corina Machado. La fausse candidate a tenté de saluer une soldate à l'entrée. La soldate a gardé les mains le long de son corps, et lui a tourné le dos. Maria Corina entre dans le bureau, et d'autres soldates se réunissent alors pour tourner le dos aux caméras qui filment l'entrée du bureau. Intolérable bien sûr ! Quant à savoir si elle le méritait… La scène, qui circule sur les réseaux sociaux, fait rire sur les téléphones des Vénézuéliens que l'on croise.

Quant à nous, après trois bureaux visités dans le cadre du protocole du CNE, nous décidons d'aller de notre propre chef dans trois autres centres de vote, sans aucun suivi ni avertissement préalable. L'un dans un quartier très populaire favorable à Maduro, l'autre dans une zone mixte politiquement, et le dernier dans des quartiers très aisés historiquement favorables à l'opposition. Dans les trois cas, après présentation de nos accréditations officielles, personne ne nous a refusé l'entrée, nulle part. L'accueil des militaires et des membres des bureaux de vote a été très cordial, voire chaleureux. Si l'on peut espérer d'une « dictature » qu'elle panique devant les visites surprise, la réalité a été plutôt celle de citoyens heureux de voir que des « étrangers » s'intéressent à leur démocratie et à leur système électoral. La grande majorité des membres des bureaux de vote, ainsi que les témoins présents, ont tenu à nous expliquer à tour de rôle comment fonctionnaient le bureau et les garanties qui accompagnent le vote secret de chacun. Là encore, je pense ces précisions importantes, bien que je sois conscient qu'elles ne puissent convaincre les déjà-convaincus du récit de la « dictature ».

En revanche, si dans l'ensemble tout s'est très bien passé, nous avons signalé un seul incident dans le dernier centre visité. Il s'agit du Collège Médical de Santa Fe, dans la municipalité de Baruta, où résident classe moyenne haute et bourgeoisie à Caracas. À l'entrée du centre, au pas de la porte, un groupe d'une dizaine de dames sont assises et semblent simplement discuter. À la vue de nos accréditations et de nos gilets nous identifiant comme des observateurs, deux d'entre elles bondissent sur nous et se mettent au travers de la porte. Elles commencent à nous questionner, dans un ton faussement cordial, sur nos intentions et notre identité, que nous déclinons d'ailleurs sans hésitation. Puis elles se présentent rapidement comme membres d'une « ONG de défense des droits de l'homme », qui voudrait discuter avec nous sur les « atteintes à la démocratie » au Venezuela. Bloquant l'entrée, nous insistons pour passer et elles nous accompagnent à l'intérieur. L'officiel présent à l'entrée nous salue et invite très cordialement ces dames à rester en dehors du bureau de vote. Il aura fallu cinq minutes, face à un officiel de l'armée qui n'a été qu'extrêmement cordial et avenant avec elles, pour que ces deux personnes quittent enfin le bureau de vote et se réinstallent sur leurs chaises adossées au mur d'entrée. Bien reçus par les membres du bureau de vote, la suite de la visite se passe bien. À la sortie, les « membres de l'ONG » reviennent vers nous et sollicitent un entretien.

Nous avons refusé, et ce pour une raison très simple. La première atteinte à la démocratie était celle de ces « membres d'une ONG » qui ont campé – vraisemblablement toute la journée – devant un bureau de vote, distribuant du café et discutant avec les électeurs. La propagande politique devant les bureaux de vote, même sous couvert d'« ONG », est interdite dans la loi vénézuélienne, comme dans la loi de la plupart des pays dits démocratiques. Les soldats du *Plan Republica*, en charge du bon déroulement du scrutin dans ce bureau, auraient dû inviter ces personnes à établir leur poste à au moins 200 mètres du centre, distance réglementaire établie par la loi électorale. Nous avons compris à leurs regards que ces soldats n'osaient pas le faire, probablement par peur d'être accusés par la suite d'avoir créé un incident ou d'avoir « réprimé » l'opposition.

Malgré cela, la journée électorale s'est donc très bien passée dans l'ensemble. Notre récit de la normalité constatée ce jour n'a pas été contredit outre mesure.

## Résultats et résultats parallèles

La journée électorale s'achève donc en toute tranquillité. Quoique.

Comme c'est souvent le cas durant des campagnes électorales, les acteurs politiques participant aiment à répéter que leur victoire est acquise et inéluctable, ou du moins qu'elle est possible à la condition que leurs forces vives se mobilisent dans les urnes. Au Venezuela, c'est aussi le cas du côté chaviste comme du côté opposition, mais cela ne s'arrête pas là. Dans le cas de l'opposition vénézuélienne du duo Gonzalez-Machado – celle habituée à n'accepter le résultat que s'il lui est favorable, sinon à crier à la fraude – l'exercice est poussé encore plus loin.

À longueur de campagne, le double discours est permanent. Tout en affirmant que « le régime est en train de commettre une fraude » (CNN, 30 juin)[72], la presse acquise à l'opposition répète que les sondages donnent « un très grand écart » en faveur du candidat Gonzalez face à Maduro, avec « une

[72] CNN Español. (2024, 29 juin). *Entrevista a María Corina Machado sobre elecciones en Venezuela* [Vidéo].

avance de plus de 30 points » (VOA, 17 juin)[73]. Sans donner de détails sur la proximité de certains « sondeurs » avec cette opposition, il faut admettre que le piège est habile bien que peu original : soit on gagne les élections comme le disent les sondages, soit on les perd et c'est une fraude car les sondages disaient le contraire.

Et bien ce stratagème atteint son paroxysme le jour de l'élection, lorsque dans l'après-midi – bien qu'interdits par la loi avant la fermeture des bureaux à 18h00 – des graphiques issus de supposés sondages à la sortie des urnes commencent à être partagés massivement sur les réseaux sociaux. Ces « sondages » donnent le candidat Edmundo Gonzalez vainqueur face à Nicolas Maduro, dans des proportions similaires à ce qui a été répété par l'opposition durant la campagne. Deux entreprises sont à l'origine de ces sondages : *Meganalisis* et *Edison Research.*

La première est connue des Vénézuéliens, dans la mesure où c'est l'institut vénézuélien *Meganalisis* qui était le plus souvent citée par l'opposition pendant la campagne pour affirmer sa victoire anticipée. À 11h00, 13h00 puis 18h00, ils donnent Edmundo Gonzalez gagnant avec plus de 65% des suffrages, contre un Maduro obtenant pas plus de 14% des voix.

Il ne faut pas être très futé pour se rendre compte de la proximité de cet institut de sondages avec l'équipe Gonzalez-Machado. Passons sur le fait que son président, Rubén Antonio Chirino Leanez, ait donné régulièrement des entrevues à des médias d'opposition en abondant dans le sens d'une victoire certaine d'Edmundo pendant la campagne. Passons aussi sur le fait que le frère de ce président de *Meganalisis*, José Leonardo Chirino Leanez, soit un militant direct et dirigeant du parti de Maria Corina Machado, *Vente Venezuela*, dans l'État de Falcon. En réalité, il suffisait juste de prendre quelques secondes pour se rendre sur la page Instagram officielle de *Meganalisis*, et constater les multiples publications partageant les récits et

[73] Núñez Rabascall, A., & Ocando Alex, G. (2024, 17 juin). *Encuestas proyectan triunfo de la oposición en Venezuela con una brecha muy grande de votos.* Voz de América.

parfois même directement les publications de campagne de l'équipe Urrutia-Machado[74].

> Le dégoût et le rejet du chavisme et du socialisme ont dépassé tous les niveaux connus jusqu'à présent. (Meganalisis, 17 juillet 2024)
>
> Le moment est venu Venezuela. Le moment est venu pour le soleil majoritaire de la vérité d'illuminer le Venezuela. (Meganalisis, le jour de l'élection, 28 juillet 2024)
>
> Cela a pris du temps pour gagner, maintenant il faut qu'on se fasse payer [cette victoire]. (Meganalisis, partageant les paroles de Maria Corina Machado, 1er août 2024)
>
> C'est une bataille spirituelle. (Meganalisis, partageant les paroles d'un curé appelant à manifester avec le clan Machado à Madrid, 3 août 2024)

Vous l'aurez compris, dans le cas de *Meganalisis*, il n'y aucun effort sur la forme. Cela n'empêchera pas ses sondages d'être partagés massivement sur les réseaux sociaux et dans la presse d'opposition.

En revanche, dans le cas d'*Edison Research*, c'est peut-être encore plus grossier, mais esthétiquement plus présentable. Si Edmundo Gonzalez est aussi donné gagnant avec 65% des voix, Maduro est quant à lui réhaussé à 31% des suffrages. Visuellement plus agréable à regarder, ce sondage est repris par la presse internationale. Le *Wall Street Journal* ouvre le bal en le diffusant le premier, suivi par le *Washington Post* et *Reuters*.

Là aussi il suffisait de quelques clics pour se rendre compte de la supercherie, directement sur le site internet d'*Edison Research*[75]. On y apprend que c'est en réalité une entreprise basée dans le New Jersey, aux États-Unis, travaillant notamment avec…le gouvernement des États-Unis d'Amérique. C'est écrit, mot pour mot. *Wikileaks* épingle même l'institut sur les réseaux sociaux pour ses liens avec la CIA.

---

[74] Meganálisis. *Profil Instagram.* [Plateforme]

[75] Edison Research. *About.* [Site web]

> L'opposition de droite vénézuélienne et les médias américains affirment qu'il y a eu fraude lors des élections du 28 juillet, en se basant sur un sondage de sortie des urnes réalisé par la société Edison Research, liée au gouvernement américain, qui travaille avec des organes de propagande d'État américains liés à la CIA et qui était active en Ukraine, en Géorgie et en Irak. (Wikileaks sur X, 30 juillet 2024)[76]

Peu importe d'où viennent ces instituts, ils serviront à contester les premiers résultats officiels annoncés dans la nuit du 28 au 29 par le CNE. Le président Amoroso annonce une tendance « irréversible », à 80% de dépouillement et une participation à 59% des inscrits : Nicolas Maduro premier et vainqueur avec 51,2% des voix, Edmundo Gonzalez second avec 44,2%, et le reste des candidats totalisant ensemble 4,6%. Nous sommes présents dans la salle de presse au moment de l'annonce, avec l'ensemble des observateurs internationaux. Le président du CNE annonce également que le système de transmission automatisée des résultats subit une attaque cybernétique, ce qui retarde l'arrivée des résultats.

Quelques minutes suffisent pour que Maria Corina Machado réagisse, avec à ses côtés Edmundo Gonzalez, devant les caméras du monde entier :

> Nous voulons dire à tous les Vénézuéliens et au monde entier que le Venezuela a un nouveau président élu : Edmundo Gonzalez Urrutia. Nous avons gagné et tout le monde le sait. (Conférence de presse, 29 juillet)[77]

Surprise ! Personne ne s'y attendait mais l'opposition conteste les résultats officiels et dénonce une « fraude » ! Et devinez à quoi fait référence Maria Corina à la première minute de son intervention : les « sondages à la sortie des urnes indépendants et autonomes qui ont donnés des résultats indiscutables ». Indépendants et autonomes !

À la deuxième minute de son intervention, Maria Corina lance ce qui va devenir le cœur d'une passion qui va déchaîner les médias et chancelleries

---

[76] WikiLeaks. (2024, 28 mars). *Publication sur X.*

[77] CNN en Español. (2024, 29 juillet). *Palabras de María Corina Machado y Edmundo González tras los resultados | Elecciones en Venezuela* [Vidéo]. YouTube.

occidentales pendant des mois : « nous avons 100% des procès-verbaux [prouvant] qu'Edmundo Gonzalez a obtenu 70% des voix et Nicolas Maduro 30% ».

## « *Actas* » : criez à la fraude, le MONDE vous croira

Pour l'opposition, la preuve immédiate de la « fraude », ce sont les faux sondages à la sortie des urnes. La preuve durable, ce sont les « *actas* ».

Pour comprendre l'histoire des *actas*, il faut comprendre comment fonctionne le système semi-électronique de vote au Venezuela. Pour cela, je vous renvoie d'abord aux détails que l'on a donnés à ce propos dans le chapitre précédent.

Si vous avez compris le système, vous avez donc compris que tous les témoins de tous les partis politiques de tous les bureaux de vote du pays ont le droit à une copie originale du procès-verbal de leur bureau, imprimée directement par la machine, puis signée et approuvée par l'ensemble des témoins et membres du bureau. Légalement, s'il y a un doute quant aux résultats annoncés, alors chaque candidat a le droit de se rendre au CNE et de demander à comparer les procès-verbaux. Et si ceux-ci ne coïncident pas, alors ils peuvent déposer un recours contestant les résultats auprès de la *Sala electoral* du Tribunal suprême de justice (TSJ), la plus haute instance judiciaire du pays.

Ceci étant dit, Maria Corina affirme donc avoir en sa possession les procès-verbaux qui prouveraient la véritable victoire de son candidat, contredisant les résultats annoncés par le CNE. La consigne lancée au « régime » est donc toute trouvée : publiez les procès-verbaux pour que l'on voit les « vrais » résultats !

Bien que la messe était dite bien avant les élections, je dois avouer avoir été quand même surpris, dans le mois qui a suivi l'élection, de l'ampleur et de la magnitude de l'écho qu'a rencontré le thème des procès-verbaux de l'élection présidentielle vénézuélienne à échelle internationale. En l'espace de quelques jours, c'est devenu le *leitmotiv* principal de tous ceux qui voulaient contester la légitimité des résultats officiels donnés par le CNE. Si Maduro veut prouver qu'il a gagné, alors qu'il montre les procès-verbaux !

C'est Washington qui ouvre le bal évidemment, dès le 29 juillet[78], en réclamant « la publication immédiate des procès-verbaux » pour vérifier les résultats, tout en affirmant que ceux-ci « ne reflètent pas la volonté du peuple vénézuélien ». Les premiers laquais ne tardent pas à suivre l'oncle Sam. Sept pays latino-américains, parmi lesquels l'Uruguay, l'Argentine, le Costa Rica, l'Équateur, le Guatemala, le Panamá, le Paraguay, le Pérou et la République dominicaine ; signent ensuite un communiqué conjoint demandant une réunion d'urgence de l'OEA pour vérifier les résultats électoraux au Venezuela[79]. Dans la foulée, le Venezuela rappelle tout son personnel diplomatique de chacun des sept pays. Le 1er août, 17 pays de l'Organisation des États Américains (OEA) votent une résolution exigeant du Venezuela qu'il publie les *actas*[80]. Le 3 août, à l'initiative de Pedro Sanchez en Espagne, sept pays européens parmi lesquels la France, l'Allemagne, l'Italie, la Pologne, le Portugal et les Pays-Bas réclament la publication des *actas*[81]. Le point culminant du *show* des procès-verbaux sera atteint le 16 août, lorsqu'est signée à Saint-Domingue une déclaration conjointe entre les États-Unis, l'UE et une vingtaine de pays, réclamant la « publication immédiate des procès-verbaux originaux », tout en soulignant que « le Conseil national électoral

---

[78] Sánchez-Vallejo Cobo, M. A. (2024, 29 juillet). *La Casa Blanca pide la inmediata publicación de todas las actas de las elecciones en Venezuela antes de estudiar nuevas medidas.* El País.

[79] Chancellerie argentine. (2024, 28 juillet). *Comunicado conjunto sobre las elecciones en Venezuela.*

[80] Infobae. (2024, 1er août). *Así votaron los países de la OEA el proyecto de resolución que exigía al CNE de Maduro publicar las actas electorales.*

[81] El País. (2024, 3 août). *Sánchez y otros seis mandatarios europeos reclaman la publicación de todas las actas de las elecciones venezolanas.*

(CNE) du Venezuela n'a pas encore présenté les procès-verbaux électoraux pour étayer la véracité des résultats »[82].

Plus étonnantes, les déclarations du Brésil de Lula ou de la Colombie de Petro, pourtant politiquement plus proches du Venezuela, mais réclamant tout autant les « *actas* ». Le Mexique d'AMLO, initialement à l'initiative avec ces deux pays comme médiateur, se retire du groupe lorsque vient le thème des procès-verbaux, refusant de s'ingérer dans les « affaires internes » du Venezuela. Certaines hypothèses peuvent en revanche expliquer l'attitude de la Colombie et du Brésil. Dans les deux cas, bien que la présidence soit à gauche, les affaires étrangères ont demeuré entre les mains de la droite, dans une logique de pacte de gouvernement. Dans le cas plus précis du Brésil, Lula a eu lui-même des déclarations très dures envers le Venezuela. Une posture que l'on comprendra que quelques mois plus tard, fin octobre à Kazan en Russie, lorsque le Brésil est le seul pays à émettre un véto à l'entrée du Venezuela dans les BRICS. Une décision très probablement motivée par sa volonté hégémonique en Amérique latine, ne voulant pas être éclipsé par la première réserve mondiale de pétrole au sein des BRICS.

Du côté des partis politiques, en Uruguay, la coalition de gauche du *Frente Amplio* reconnaît une « journée électorale en paix » mais dit aussi « attendre la publication de la totalité des procès-verbaux par le Conseil national électoral »[83]. En France, de la gauche social-démocrate à l'extrême-gauche, une dizaine de partis politiques se fendent d'un très naïf communiqué de « solidarité avec les revendications démocratiques du peuple vénézuélien », dans lequel il est réclamé un « audit citoyen, public et pluraliste des actes du scrutin »[84]. *La France insoumise* de Jean-Luc

[82] El Nacional. (2024, 16 août). *La UE, Estados Unidos y una veintena de países reclaman las actas de las elecciones en Venezuela.*

[83] El Observador. (2024, 29 juillet). *Elecciones en Venezuela: Frente Amplio pidió abrir las actas para que haya "transparencia, credibilidad y legitimidad" de los resultados.*

[84] DNA avec l'AFP. (2024, 9 août). *Plusieurs partis de la gauche française appellent à un audit du vote.*

Mélenchon est l'un des rares mouvements politiques de gauche en France à ne pas signer.

On peut aisément comprendre les motivations des États-Unis et de ses alliés latinos et européens à jouer le jeu des « *actas* ». Mais comment autant d'autres ont-ils pu tomber dans le panneau ?

Commençons par le commencement. Jamais, à aucun moment, le CNE n'a publié les procès-verbaux des résultats électoraux au Venezuela. Jamais, et ainsi sont faites les règles électorales du Venezuela depuis le début du siècle. Tous ceux qui réclament leur publication ont donc sauté l'étape élémentaire qui consiste à vérifier une information avant de la répéter. Ce qui a toujours été publié, ce sont les détails des résultats, bureaux par bureaux, sur le site *web* du CNE, hors-service suite à une cyberattaque (nous y reviendrons). Et la durée légale pour publier les résultats bureaux par bureaux est de 30 jours, bien qu'en situation « normale » la publication est faite assez vite. Les *actas* quant à elles sont consultables en cas de réclamation des candidats ou partis politiques auprès du CNE. Avez-vous vu de vos propres yeux les procès-verbaux de l'élection de Donald Trump aux États-Unis ? D'Emmanuel Macron en France ? Dans la plupart des pays donneurs de leçons, les procès-verbaux sont toujours consultables sur demande auprès des autorités, jamais mis en ligne.

Peu importe, pour le Venezuela on peut réclamer n'importe quoi. Et ça, Maria Corina le sait bien et va en jouer. Dans sa première conférence de presse, elle annonce disposer « de plus de 40% des procès-verbaux », puis dans la phrase suivante « de 100% des procès-verbaux transmis par le CNE ». Quelques heures plus tard, son avocat Perkins Rocha annonce qu'ils ont la main sur « un nombre très important de procès-verbaux » mais qu'il « ne peut pas donner le nombre exact »[85].

L'opposition va-t-elle au CNE ou au TSJ déposer un recours pour contester les résultats annoncés ? Evidemment que non, et nous verrons pourquoi un peu plus loin. Elle décide en revanche de mettre en ligne un site

[85] Misión Verdad. (2024, 29 juillet). *Contradicciones en la oposición en torno a las actas de votación.*

internet avec des « résultats officiels » parallèles et les supposées *actas* attestant ces résultats. Un procédé totalement illégal, usurpant l'autorité du seul organe habilité à présenter des résultats officiels, à savoir le CNE.

Plusieurs sites vont être créés. Je vérifie par moi-même le premier site peu après sa mise en ligne, le 1er août au soir. J'additionne les chiffres présentés et compte un total de 1991 procès-verbaux mis en ligne sur un total de plus de 30000 bureaux de vote. Moins de 10% des « *actas* » donc, quatre jours après le scrutin. Le site change ensuite de nom de domaine et d'esthétique. Davantage de « procès-verbaux » apparaissent, sauf que certains commencent à analyser ces procès-verbaux présentés. La plupart de ceux provenant de bureaux de vote situés dans des zones favorables à l'opposition sont vraisemblablement vrais. Pour le reste, de sérieux doutes s'installent. Là sont constatées de vraies irrégularités. Certains ont des données manquantes (opérateurs de machine, témoins présents, assesseurs du bureau, code QR, signatures) ; d'autres sont pliés, déchirés ou illisibles ; d'autres ont des valeurs nulles ou incohérentes ; certains sont même complétés et signés par la même personne. Dans certains cas, même certains citoyens décédés avant l'élection présidentielle apparaissent comme votants. Au final, l'analyse des métadonnées des images des procès-verbaux mis en ligne a montré que pour la grande majorité d'entre elles, les images ont été altérées.

Et en réalité, nous pouvions même passer à côté de ces détails, parce qu'une photocopie ne vaut rien dans un système électronique bardé de systèmes de vérification. Impossible de vérifier la crédibilité des codes QR ou de la correspondance avec les numéros de machine par exemple. Bref, tout ce qui a été mis en ligne est au mieux invérifiable, au pire falsifié massivement, et dans tous les cas irrecevable et illégal.

Tout cela sans rappeler la base des accords de la Barbade. Souvenez-vous que gouvernement comme opposition avaient signé un document commun dans lequel toutes les parties se sont engagés à reconnaître « les décisions du Conseil national électoral » ainsi que « les résultats des élections présidentielles ». Une parole non tenue de plus donc.

Tout le spectacle monté autour des *actas* est de la poudre aux yeux. C'est alors qu'il faut reconnaître le coup de grâce politique qui va être porté très rapidement par le président réélu Maduro. Le 31 juillet, il se rend en personne au TSJ, avec dans les mains le recours qu'il présente au tribunal concernant les résultats de l'élection. Avec ce recours, le CNE, le président Maduro ainsi que tous les autres candidats et partis politiques sont invités à se présenter au tribunal afin de faire la lumière sur les doutes autour de l'élection. Tous sont invités à présenter les procès-verbaux en leur possession, y compris le CNE et le parti présidentiel. Le jour de la convocation, tous les candidats sont là sauf un : Edmundo Gonzalez Urrutia. C'est là que le piège se referme sur les véritables fraudeurs.

Si le candidat Edmundo ne se présente pas à une convocation judiciaire, il est en rupture avec la loi. S'il s'y présente et remet de faux procès-verbaux à la justice, il est en rupture avec la loi. En toute objectivité, Nicolas Maduro a fait échec et mat à la stratégie de l'opposition ce 31 juillet là, en la prenant à son propre jeu.

Le PSUV, parti présidentiel, remet au TSJ ses procès-verbaux. Le CNE remet aussi l'intégralité des procès-verbaux officiels. Et le nombre d'*actas* remis par le duo Gonzalez-Machado s'élève à zéro. Il faudra attendre un peu plus de deux semaines pour que le TSJ rende son verdict et confirme donc la victoire du président Maduro le 22 août. Cela n'empêchera pas l'opposition de continuer la comédie en se baladant à travers les parlements et assemblées du monde, brandissant des papiers à la main en les présentant comme les véritables « *actas* » du 28 juillet. Parait-il désormais que, depuis le 8 janvier 2025, ces « *actas* » seraient entre les mains de la Banque Nationale…du Panama, remises par Edmundo Gonzalez en personne au ministre panaméen des affaires étrangères[86]. Avec la couverture médiatique adéquate, le ridicule ne tue donc vraiment pas.

Si les *actas* n'étaient qu'un *show*, *quid* des résultats détaillés qui, eux, sont normalement systématiquement publiés ? Au 1er février 2025, ils ne sont toujours pas connus. Ni sur le site du Conseil national électoral (toujours

[86] SWI. (2025, 9 janvier). *González Urrutia entrega en custodia a Panamá las actas electorales de Venezuela.*

hors ligne), ni dans la gazette électorale officielle. Le TSJ avait pourtant rappelé à l'ordre le CNE sur ce point, lors de son verdict confirmant la victoire de Nicolas Maduro le 22 août 2024 : « Nous exhortons le Conseil national électoral à publier les résultats définitifs du processus électoral [...] dans la gazette électorale de la République bolivarienne du Venezuela, conformément à l'article 155 de la loi organique sur les processus électoraux »[87]. Peut-être d'ailleurs que certaines mesurent seront prises quant à ce manquement.

C'est l'unique « argument » qui reste à l'extrême droite vénézuélienne pour contester les résultats de l'élection. Et pourtant. S'il y a bien là une faute qui nécessite réparation, elle n'est pas pour autant la preuve d'une fraude présumée. J'insiste. L'absence de résultats détaillés ne peut pas être admise comme la preuve – à elle seule – d'une fraude organisée.

Pourquoi donc ces résultats détaillés tardent-ils à être publiés ? Là nous ne pouvons qu'émettre des hypothèses. Le CNE attend-il que son site internet soit rétabli pour assurer la divulgation publique des résultats ? Les attaques à la cyber-infrastructure du CNE ont-elles été préjudiciables à la publication immédiate des résultats bureau par bureau ? Autant de questions auxquelles nous auront sans doute des réponses dans un avenir proche. Toujours est-il que les attaques brutales et inédites qu'a subi le CNE lors du scrutin présidentiel de 2024 posent des questions au Venezuela et au monde entier, quant à la robustesse des systèmes électoraux face aux guerres cybernétiques de nouvelle génération. Il en va de la souveraineté et de l'indépendance de chacun de nos peuples.

---

[87] telesurtv videos. (2024, 22 août). *TSJ confirma victoria de Nicolás Maduro en las presidenciales* [Vidéo]. YouTube.

## Le recteur « dissident » du CNE

Dans le *show* des « *actas* », l'opposition d'extrême droite a été secondée par un appui au plus haut niveau du Conseil national électoral : le recteur principal Juan Carlos Delpino. Souvenez-vous, les recteurs principaux, qui constituent l'organe dirigeant du CNE, sont au nombre de cinq. Élus par l'Assemblée nationale aux deux tiers, trois sont proches du parti au gouvernement, deux de l'opposition[88]. Delpino est de ces deux-là.

Juan Carlos est entré dans l'organe électoral en tant que fonctionnaire d'un rang tout à fait anodin, un membre parmi d'autres de la Commission du registre civil et électoral du CNE. Après avoir quitté la commission, il devient directeur général de la section *Participation politique* et ce n'est qu'après la fin du mandat de Tibisay Lucena à la tête du CNE et deux autres administrations de l'organe électoral qu'il a été nommé recteur principal du CNE. Politiquement, il est issu du parti AD, proche et soutien de Maria Corina Machado et Edmundo Gonzalez.

Delpino a commencé son travail de sape de la crédibilité des membres et décisions de la plus haut instance électorale en juin 2024, à l'occasion de la révocation de l'invitation de la mission d'observation de l'Union européenne, faisant suite au flagrant comportement d'ingérence du Vieux continent. Juan Carlos Delpino fait remarquer[89] que le CNE « ne s'est pas réuni depuis le mois de mars », exigeant que le conseil soit convoqué et que les autres membres soient respectés. Il accuse le président du CNE de « violer les droits des recteurs en prenant des décisions de son propre chef », affirmant que « le temps de la prudence est révolu », se référant à sa conduite en tant que recteur jusqu'à ce moment-là.

---

[88] Cf. Chapitre III

[89] Moleiro, A. (2024, 13 juin). *Un rector del CNE de Venezuela acusa al presidente del órgano electoral de retirar la observación europea sin consultar.* El País.

Sauf deux tweets incitant à aller voter le jour de l'élection, il faut attendre plus de deux mois ensuite pour que le recteur Delpino reprenne la parole publiquement. Déjà lors des annonces des bulletins officiels du CNE, son absence est remarquée, et les médias d'opposition commencent déjà à parler d'un « témoin exceptionnel »[90] qui pourrait révéler la vérité sur la « fraude » du 28 juillet. Le 26 août, près d'un mois après l'élection, alors que l'opposition exhibe ses « *actas* » comme la preuve absolue de sa victoire supposée, Delpino sort de son silence. Il réapparait d'abord sous forme épistolaire, pour dénoncer de prétendues irrégularités survenues au cours du processus électoral du 28 juillet. Toute la presse *mainstream* reprend sa lettre. Cependant, dans celle-ci, il est déjà forcé de reconnaître que « le processus s'est déroulé avec relativement peu d'incidents signalés jusqu'à 17 heures », contredisant le récit des abus, irrégularités et difficultés que l'opposition avait tenté de mettre en place.

Il poursuit en pointant du doigt divers aspects du processus électoral, du jour de vote et de la façon dont le CNE a géré la suite de l'élection. La lettre est longue, je vous en épargne donc le détail ici. Il faut en retenir peut-être deux choses. La première, c'est qu'il affirme que « tout ce qui s'est passé avant, durant et après l'élection présidentielle, signale la gravité du manque de transparence et de véracité des résultats annoncés ». Une affirmation grave, d'autant plus que le recteur n'avance absolument aucune preuve concrète qui tende à étayer ces accusations dans la lettre.

Au-delà de l'absence de preuve, le deuxième élément à retenir est dans la déclaration suivante.

> Face à l'éviction des témoins dans de nombreux centres, à l'absence de transmission du code QR aux centres de données des commandos, et à l'absence de solution efficace au prétendu piratage, j'ai pris la décision de ne pas monter dans la salle de totalisation et de ne pas assister à l'annonce du

[90] NTN24. (2024, 13 août). *"Rector Delpino está en resguardo. Su testimonio ha sido descargado": la advertencia de Andrés Izarra.*

premier bulletin. En tant que recteur principal, en ne montant pas dans la salle de totalisation, je n'ai pas les éléments pour étayer les résultats annoncés.

Le recteur Delpino ne s'est donc pas rendu dans la salle de totalisation des résultats, pourtant le cœur du Conseil national électoral en fin de journée électorale. Il ne s'est pas non plus rendu au Tribunal suprême de justice lorsqu'un recours a été déposé par le candidat vainqueur Nicolas Maduro, considérant que « la résolution du conflit doit se faire à l'intérieur même [du CNE] », se positionnant ainsi en libre interprète de la Constitution et des lois du pays, bafouant l'autorité de la plus haute instance judiciaire du pays.

Absent dans la salle de totalisation, il n'a donc aucune idée des résultats, y compris ceux qu'il conteste ; absent au TSJ, il n'a donc aucune idée des procès-verbaux analysés lors du procès. En revanche, il sera bien présent ensuite dans la presse internationale. Il sort du pays et accorde une entrevue à la chaîne colombienne Caracol[91], dans laquelle il réitère ses affirmations et déclare que « le piratage n'a peut-être pas eu lieu ». Il affirme également que le jour de l'élection, avant de monter dans la salle de comptage – ce qu'il n'a finalement pas fait – il a communiqué avec le commandement de l'équipe du candidat de l'opposition Edmundo Gonzalez.

Dans une autre *interview* à un média vénézuélien d'opposition aux États-Unis[92], Delpino affirme que dès ses débuts en tant que recteur principal, il y avait déjà un « plan » pour la « fraude », et assure que la transmission des résultats ne se serait en réalité jamais arrêtée et qu'elle aurait indiqué que « eux (le gouvernement) étaient en train de perdre les élections », alignant sa position avec celle défendue depuis le jour du scrutin par le duo Machado-Gonzalez.

Profitant de l'agenda médiatique international, Delpino déballe donc toute une série d'éléments sans avancer aucune preuve mais en s'alignant totalement sur les positions de l'opposition perdante. Pour cela, l'Assemblée

[91] Noticias Caracol. (2024, 30 août). *Juan Carlos Delpino pone en duda elecciones de Venezuela: "El hackeo pudo no haberse producido"* [Vidéo]. YouTube.

[92] TVV Network. (2024, 1er novembre). *¡REVELACIÓN BOMBA! Ex rector Juan Carlos Delpino revela lo que pasó el 28J | César Miguel Rondón* [Vidéo]. YouTube.

nationale réunie le 17 octobre 2024 décide de sa destitution de son poste de recteur.

Cela ne l'empêche pas de continuer, en multipliant les élucubrations et les contradictions. Le 16 décembre, il se retrouve devant la journaliste colombo-états-unienne Patricia Janiot, pour un entretien de près de 40 minutes[93]. Ennemie farouche de tout ce qui sent le bolivarisme, l'habile journaliste pousse pourtant Delpino devant ses contradictions, lorsqu'elle demande à deux reprises à l'intéressé pourquoi n'y-a-t-il personne du CNE qui ait présenté des preuves de la « fraude », y compris en sortant du pays. Le désormais ex-recteur répond à côté, bien sûr, parce qu'il sait qu'il n'y aucune preuve et donc personne pour dénoncer ce qui n'existe pas. Lorsqu'on lui pose des questions sur la totalisation des résultats, et la salle dédiée dans laquelle il n'est jamais entré, Delpino fait preuve de réalisme magique et commence à donner les détails de ce qui s'est passé dans la salle de totalisation cette nuit-là, sans avoir été témoin de quoi que ce soit.

Puis quand on lui évoque l'investiture du 10 janvier 2025, date à laquelle le président élu le 28 juillet 2024 doit entamer son mandat, il affirme que c'est bien Edmundo Gonzalez le candidat vainqueur et qu'il doit être « proclamé par l'Assemblée nationale ». S'il parle de l'Assemblée nationale démocratiquement élue, je doute que sa majorité chaviste se prête au jeu. Mais peut-être parlait-il de l'Assemblée nationale parallèle, toujours existante (au moins dans la tête de ses députés), faîte d'opposant effectivement élus mais le 6 décembre…2015 ! Après tout, ces députés ont autorenouvelé leur mandat le 19 décembre 2024, dans une lettre adressée au chef de mission du bureau extérieur des États-Unis au Venezuela. Et ce n'est même pas une blague !

Avec le Département d'État pour nouveau souverain du pays, des députés au mandat le plus long du monde et un ex-recteur menteur qui se croit toujours recteur du CNE, Edmundo aurait pu s'attendre à une véritable

[93] Janiot, P. (2024, 16 décembre). *El duro escenario que afrontará Venezuela este 10 de enero* [Vidéo]. YouTube.

investiture triomphante et « démocratique » le 10 janvier 2025. Il n'en a rien été. L'ordre constitutionnel a été respecté. Nous en reparlerons.

## L'échec rapide de la stratégie violente

Les procès-verbaux et le recteur « dissident » étaient donc au cœur de la rhétorique de la « fraude ». Et si cette comédie est largement relayée par la presse internationale occidentale, elle ne suffit pas au récit de la « dictature » auquel il manque un élément : la mobilisation de la « société civile » vénézuélienne et sa répression par le « régime ». Pas de panique, c'est compris dans le plan également !

Dans l'histoire récente du Venezuela, à chaque accusation de « fraude » lancée par l'opposition s'en est suivie une période de violences promues et organisées par cette même opposition. Ça a été le cas en 2014 – quelques mois après la première élection de Nicolas Maduro à la présidence du pays – avec l'opération *La Salida* (La Sortie). Bilan : 43 morts et presque 500 blessés. Puis de nouveau en 2017, avec des violences encore plus fortes suite à une décision de justice concernant l'assemblée nationale illégale. Bilan : 127 morts et 2000 blessés. Puis en 2019 avec la farce Guaido contestant la réélection de Maduro et instaurant un faux gouvernement parallèle. Bilan : plusieurs dizaines de morts et de nombreux blessés. Dans tous ces épisodes de violence, notre chère Maria Corina Machado était bien évidemment à l'initiative, bien que n'ayant pas le *leadership* avant les années 2023 et 2024. Et systématiquement, les morts et les blessés sont attribués à la « répression du régime ».

Ces violences, on les appelle dans le langage courant des *guarimbas*, et ceux qui les exercent des *guarimberos*. Dans un autre langage plus accessible, l'on appellerait ça des violences insurrectionnelles. Si vous le voulez bien, distinguons donc bien la manifestation pacifique de la violence insurrectionnelle, la *guarimba*.

Discours de victoire de N. Maduro au palais présidentiel dans la nuit du 28 juillet

Mobilisation chaviste au palais présidentiel le 31 juillet

Marche du chavisme dans les rues de Caracas dans la nuit du 31 juillet

Marche chaviste dans les rues de Caracas le 3 août

Sur le plan des manifestations pacifiques, ce n'est pas ce qui a manqué après l'élection. L'opposition croyant à la fraude sort dans la rue le 29. Des petites foules s'amassent dans les quartiers riches de Caracas. Nous l'avons constaté de nous-même sur place. Ce qui en revanche a été tu par la masse des médias *mainstream*, ce sont les manifestations…de soutien au président Maduro. Elles ont été quasiment quotidiennes dans les deux semaines qui ont suivi l'élection. Là aussi, nous l'avons vu de nos propres yeux. Le soir même des résultats, une foule importante entourait le palais présidentiel, en soutien au président. Dans les jours suivants, des avenues entières ont vu défiler les différents secteurs du chavisme convoqués pour défendre le vote populaire. Rares sont les mentions faites à ces manifestations pacifiques.

En face, Maria Corina et Edmundo convoquent peu. Sur les réseaux sociaux, des images de manifestations de 2017 sont utilisées pour faire croire à des manifestations massives. Il n'en est rien. Ils font une première apparition dans un rassemblement devant le bureau de l'ONU à Caracas, le 30 juillet. Puis une manifestation est convoquée le 3 août, toujours dans l'est de Caracas. Puis il a fallu attendre deux semaines pour voir de nouveau une mobilisation pacifique de l'opposition, le 17 août, avant une dernière manifestation le 28. Il fallait voir les images tournées par les drones pour se rendre compte du peu de monde qui assistait, dès le 3 août, à ces manifestations. Machado ajoute très vite l'adjectif « mondiale » lorsqu'elle parle de mobilisation, car les images de foule sont presque inexistantes au Venezuela, à l'instar des mobilisations à l'extérieur du pays comme à Madrid, Miami ou New York. Pendant que le duo perdant des élections appellent les enfants du Venezuela à sortir dans la rue, leurs enfants sont eux bien au chaud à l'extérieur, comme la fille de Maria Corina qui prend la parole dans une manifestation depuis *Times Square* à New York le 17 août[94] ; ou la fille d'Edmundo qui s'exprime publiquement le même jour mais depuis la *Puerta*

[94] La Patilla. (2024, 17 août). *Ante una multitud en Times Square, hija de María Corina Machado pidió firmeza en la lucha por la libertad (video).*

*del Sol* à Madrid[95]. L'affaire est donc sauvée par les images de ceux qui ne vivent pas au Venezuela.

Il ne faut pas en vouloir à l'extrême droite de ne pas être habile dans la convocation de manifestations. En fait, le cœur de la stratégie n'est pas là. Comme en 2014, en 2017 ou en 2019, il faut que se déchaîne la violence des *guarimbas* pour accuser la répression et espérer un soulèvement des forces armées. Et la *guarimba* entraînant la *guarimba*, les violences sont ainsi destinées à durer des mois, comme ce fut le cas auparavant. Sauf qu'en 2024, c'est différent.

Les violences éclatent dès après l'annonce des résultats de l'élection. Dans la nuit du 29 au 30, je parcours Caracas en voiture avec des amis. La ville est à l'arrêt. Les commerces sont fermés, la vie de nuit suspendue. Tout le monde nous recommande de ne pas sortir cette nuit-là. Pourtant, il fallait bien sortir pour se rendre compte du contraste entre ce qui apparaissait sur nos écrans et la réalité du terrain. Ici et là, des feux allumés sur les routes. Première surprise : autour de la plupart de ces feux, il n'y a personne. Nous croisons un premier groupe de *guarimberos*. Une trentaine de jeunes, cagoulés et équipés, certains à moto, allumant des feux et détruisant ce qu'ils peuvent détruire. La scène en est presque pittoresque. L'avenue sur laquelle ils se trouvent est vide. Vide de passants, vide de commerçants, et vide de policiers. La présence des forces antiémeutes, c'est-à-dire de la police nationale et de la garde nationale bolivarienne, est très limitée. Personne ne vient éteindre le pneu brûlant ici, ou l'arbre abattu là-bas. Il a fallu arriver au palais présidentiel et aux sièges des principales institutions publiques pour rencontrer d'importants dispositifs sécuritaires. Dans le reste de la ville : rien.

Pour ce que nous avons vu à Caracas, il a été clair que les ordres donnés aux forces antiémeutes visaient à éviter la confrontation. Que le pneu continue à brûler ou non, la ville s'était de toute façon déjà auto-paralysée.

Les violences de type « *guarimba* » vont durer essentiellement deux jours. La majorité des victimes de ces violences le seront les 29 et 30 juillet, bien que

---

[95] La Patilla. (2024, 17 août). *Hija de Edmundo González leyó desde Madrid mensaje que su padre envió a venezolanos en el exterior (video).*

certaines violences aient été également enregistrées dans la semaine qui a suivi l'élection. Le bilan[96][97] est lourd : 28 personnes ont perdu la vie, 195 autres ont été blessées et 486 destructions de biens ont été enregistrées. Et sans donner le détail de ces chiffres, la presse internationale embraye dès les premiers morts et destructions.

> Les manifestants vénézuéliens ciblent les statues d'Hugo Chávez au milieu d'élections contestées. (*The Guardian*, 31 juillet)[98]
>
> Venezuela: des statues d'Hugo Chavez déboulonnées après la présidentielle. (*Mediapart*, 30 juillet)[99]
>
> Plusieurs morts dans la répression des manifestations contre les résultats des élections au Venezuela. (*Euronews*, 30 juillet)[100]
>
> Au moins 16 morts alors que Maduro répond par la force aux manifestations des vénézuéliens. (*Washington Post*, 31 juillet)[101]
>
> La répression au Venezuela est « brutale » et des rapports crédibles font état de 24 meurtres, selon HRW. (*Huffington Post*, 4 septembre)[102]

---

[96] Telesur. (2024, 11 novembre). *Balance sobre casos de violencia tras elecciones presidenciales en Venezuela* [Vidéo]. YouTube.

[97] Bracci Roa, L. (2024, 2 décembre). *Fiscal General Tarek William Saab, rueda de prensa sobre hechos violentos tras elecciones* [Vidéo]. YouTube.

[98] Rogero, T. (2024, 30 juillet). *Venezuela protesters target Hugo Chávez statues amid disputed election*. The Guardian.

[99] Mediapart avec l'AFP. (2024, 30 juillet). *Venezuela : Des statues d'Hugo Chávez déboulonnées après la présidentielle.*

[100] Euronews. (2024, 30 juillet). *Varios muertos en la represión de las protestas por los resultados de las elecciones en Venezuela.*

[101] The Washington Post. (2024, 30 juillet). *At least 16 reported dead as Maduro meets Venezuelan protests with force.*

[102] Huffington Post. (2024, 4 septembre). *La represión en Venezuela es "brutal" y hay denuncias creíbles de 24 asesinatos, afirma HRW.*

On peut déjà commencer par le « moins grave » et s'arrêter sur les statues « déboulonnées ». Il est vrai qu'il est plus romantique, lorsque l'on dénonce un « régime dictatorial », d'évoquer des statues qui tombent plutôt qu'autre chose. On le sait au moins depuis la mise en scène hollywoodienne de la destruction de celle de Saddam Hussein à Bagdad en 2003. On en a eu quelques rappels depuis, comme en Lybie ou plus récemment en Syrie. Au Venezuela, il y a bien eu 27 statues et monuments détruits par les *guarimberos*. Mais aussi : 75 centres éducatifs, 41 centres de santé, 50 installations de transport public (y compris des stations de métro et des bus), 253 installations des corps de sécurité de l'État, 10 sièges du CNE, 7 sièges de l'administration publique (dont des centres de distribution alimentaire), 13 locaux commerciaux et 10 sièges d'organisations politiques (majoritairement du PSUV, le parti au pouvoir). Ce bilan du Ministère Public, que personne n'a contesté, vient avec photos et vidéos à l'appui qui circulaient pourtant déjà sur les réseaux sociaux dès les premières violences. Il faut croire que les salles de rédactions occidentales n'avaient pas de WIFI à ce moment-là. On comprend que titrer « L'opposition détruit des hôpitaux au Venezuela » aurait été tout de suite moins vendeur, en tout cas pour le récit de la dictature.

Idem pour les détails du bilan humain, soigneusement éludé par ces mêmes médias. Parmi les 195 blessés, 97 appartiennent aux forces de police et à la garde nationale. Des vidéos circulent très vite montrant des « manifestants pacifiques » lyncher des policiers, des gardes nationaux, des militants chavistes ou de simples passants dans la rue. Dans l'État de Lara, une radio communautaire et un siège local du PSUV sont pris d'assaut. Deux militants chavistes sont lynchés à l'arme blanche, l'un d'eux est laissé gisant dans son sang au sol, l'autre aspergé de gasoil. Ils survivront de justesse. À Caracas aussi, on lynche et asperge de gasoil des militants chavistes, dans des scènes déjà vues par le passé[103]. Les vidéos font froid dans le dos. À Caracas toujours, un enfant de 8 ans a été grièvement blessé après avoir reçu une balle perdue dans son crâne pendant qu'il dormait. Tout cela est documenté, notamment par le Ministère Public, et non contesté.

---

[103] Cf. Chapitre II

D'autres ont eu moins de chance, comme le sergent de la garde national José Antonio Torres Blanca, jeune de 26 ans et tué par balles dans le cou le 29 juillet à Maracay (la scène a été filmée) ; comme le garde national Jormen Jose Martinez, lynché puis tué à l'arme blanche par des « manifestants pacifiques » dans l'État de Nueva Esparta ; comme Cirila Gil, femme *leader* sociale chaviste, âgée de 74 ans, tuée de 48 coups de couteau dans l'État de Bolivar (par son voisin de 13 ans qui avait lu sur les réseaux sociaux qu'il fallait tuer les chavistes) ; ou comme Mayaury Silva, également *leader* sociale chaviste âgée de 49 ans, persécutée jusqu'à son domicile et assassinée de trois balles dans le corps. Qui pour pleurer ces morts ? Certainement pas l'ONG *Human Rights Watch* – acquise à l'opposition et au Département d'État – pourtant citée à tour de bras par les grandes agences de presse occidentales, qui ne fera aucune mention de ces femmes assassinées dans son « rapport »[104] sur la « répression brutale des manifestants et des votants » au Venezuela.

Les 24 autres tués – tous par balle – l'ont-ils été par les « forces répressives du régime » ? Sur les 28 homicides, il n'y a pas une seule plainte déposée qui accuse un lien entre ces morts et les agissements des forces de sécurité. Pire que cela, des « manifestants pacifiques » de Maria Corina Machado et Edmundo Gonzalez simulent au moins à deux reprises sur les réseaux sociaux leur « assassinat par le régime », avec la mise en scène qui correspond : corps à terre, flaque de sang, et « cris » effrayés accusant la dictature. Les deux s'avèreront très vite être des faux, mais aucun rectificatif n'arrivera sur les téléphones de millions de spectateurs indignés.

Toujours est-il que le bilan est lourd, une fois de plus. Cependant, l'intervention rapide des services de sécurité de l'État dans une vague tout aussi rapide d'arrestations a – pour la première fois – empêché ces violences de se prolonger pendant des mois, comme ce fut le cas auparavant, limitant ainsi l'aggravation potentielle du bilan. Très vite, le Ministère Public lui-même annonce un total d'environ 2000 arrestations dans tout le pays, en lien avec les violences perpétrées. Pour le *New York Times*, « le gouvernement du

---

[104] Human Rights Watch. (2024, 3 septembre). *Venezuela: Brutal represión contra manifestantes y votantes.* Asesinatos y detenciones masivas tras las elecciones.

Venezuela arrête ceux qui questionnent la victoire de Maduro »[105]. Tout comme les États-Unis ont arrêté et peut-être condamné à mort Luigi Mangione, non pas pour le meurtre du PDG de la *United Healthcare*, mais simplement parce qu'il questionnait le système de santé privé de son pays. Qui sait ? Le journal français *Le Monde* parle lui de « violations massives des droits humains » suite aux détentions[106]. En France, face au mouvement contestataire des *Gilets jaunes* en 2018, en un an seulement : 10000 personnes avaient été placées en garde à vue, dont 5300 qui ont fait face à des poursuites judiciaires et plus de 3100 qui ont été condamnées, dont 1000 à de la prison ferme. Alors que c'est *Le Monde* lui-même qui donna ces chiffres-là, le « journal de référence » en France évoqua seulement une « réponse pénale sans précédent »[107]. Voilà en tout cas comment d'un trait de plume (ou quelques tapes sur les touches d'un clavier), dans un deux poids deux mesures à peine dissimulé, l'on peut faire comme s'il n'y avait pas d'État de droit au Venezuela.

Non seulement les violences sont venues de ces groupes violents, mais en plus ces groupes ont été directement envoyés et payés par la candidature d'extrême droite, qu'elle appelle elle-même les « *comanditos* » (les petits commandos)[108]. Là encore, ce n'est pas la première fois que c'est le cas au Venezuela. De nouveau, les preuves et témoignages affluent très vite et mettent en lumière le fait que ces jeunes ont été payés entre 40 et 150 dollars pour faire ce qu'ils ont fait. Les témoignages existent et sont là aussi consultables publiquement.

Malheureusement, parmi les détenus figurent aussi des adolescents, mineurs donc. Il n'en faut pas davantage pour là aussi crier au scandale. « Le

---

105 Robles, F. (2024, 10 août). *'Operación Tun Tun': el gobierno de Venezuela detiene a quienes cuestionan la victoria de Maduro.* The New York Times.

106 Le Monde (tribune). (2024, 9 août). *Au Venezuela, « les inspections illégales, les arrestations arbitraires et les disparitions sont devenues monnaie courante ».*

107 Vincent, E. (2019, 8 novembre). *« Gilets jaunes » : 10 000 gardes à vue, 3 100 condamnations… une réponse pénale sans précédent.* Le Monde.

108 Vente Venezuela. (2024, 21 février). *Comando con Vzla llama a venezolanos a montar sus comanditos por la victoria electoral este 2024.*

régime de Maduro a enfermé 158 enfants suite aux manifestations contre la fraude », écrit *Infobae*, média en ligne anti-Maduro[109]. Pareil, on fait comme s'il n'existait pas de dispositions spécifiques pour les mineurs arrêtés dans la loi vénézuélienne. En tout cas, là aussi le WIFI devait être coupé lorsqu'en France, à Mantes-la-Jolie en décembre 2018, 153 lycéens ont été arrêtés pour avoir bloqué leur lycée en protestant contre le gouvernement Macron ; puis ont été alignés, agenouillés et tenus mains sur la tête par des policiers armés et hilares[110]. WIFI coupé également lorsque les mêmes qui « s'inquiètent » du sort des ados vénézuéliens n'ont rien à dire lorsqu'Israël vote une loi autorisant l'emprisonnement d'enfants de moins de 14 ans pour participation à des « activités terroristes »[111]. Cela n'est pourtant pas possible et jamais vu au Venezuela.

Bref, passons. Rien ne marche pour Maria Corina. Ses convocations à des manifestations ne donnent rien de massif, et ses *comanditos* s'essoufflent très vite face à la réaction rapide et inédite des forces de sécurité. Face à une débandade si rapide dans sa stratégie, et malgré l'appui et le relais permanent des pays occidentaux sur le thème des *actas*, Maria Corina décide de brûler très tôt sa dernière carte en main : l'appel au soulèvement des forces armées. Une semaine seulement après l'élection présidentielle, le 5 août, à deux jours de la remise des *actas* du CNE au TSJ, dans un communiqué conjoint Edmundo et Maria Corina appellent la « Force armée nationale » à se mettre « du côté du peuple »[112]. Pensaient-ils qu'en effaçant le B de Bolivarienne aux FANB, ils allaient convaincre qui que ce soit ? Tous les gradés de l'armée réaffirment leur attachement à la Constitution et aux autorités légitimes

---

109 Infobae. (2024, 20 septembre). *La ONU confirmó que el régimen de Maduro detuvo a 158 niños en las protestas contra el fraude y los imputó por terrorismo e incitación al odio.*

110 Battaglia, M., & Couvelaire, L. (2018, 6 décembre). *La vidéo de l'interpellation collective de dizaines de lycéens à Mantes-la-Jolie provoque de vives réactions.* Le Monde.

111 TRT Français. (2024, 7 novembre). *Israël approuve une loi autorisant l'emprisonnement des enfants palestiniens de moins de 14 ans.*

112 María Corina Machado. (2024, 5 août). *Publication sur X.*

représentées par le président Maduro. Et que pouvez-vous demander de plus lorsque les forces armées ne vous suivent pas ?

Pour les observateurs attentifs, le 5 août sonnait déjà le glas pour Machado. Le reste n'était que pur *show*, encore et encore. Dès le 31 juillet, la normalité était déjà presque totale dans le pays. Caracas grouillait de vie, et le chavisme occupait quotidiennement la rue en défense des résultats. Puis Maduro fait échec en se rendant au TSJ le 2 août, puis mat le 5 août en s'affirmant la loyauté des militaires. La partie est terminée. *Game over*.

## Assister à une cyberguerre d'une ampleur inédite

Avant d'en conclure, j'aimerais terminer ce récit des élections présidentielles vénézuéliennes de 2024 en relevant et insistant sur ce qui me semble être un fait inédit dans l'histoire de l'humanité, et que nous avons vécu en direct sur place et virtuellement.

Je veux parler ici de la première cyberguerre totale qui a été menée contre un pays souverain en contexte électoral. Totale parce qu'il ne s'agissait pas seulement de s'attaquer aux infrastructures cybernétiques électorales et gouvernementales du pays, mais aussi aux principales cyber-informations qui pouvaient parvenir jusqu'aux téléphones des Vénézuéliens.

Ce sont d'abord les infrastructures numériques de l'État qui ont été attaquées, à commencer par le Conseil national électoral dans son système de transmission automatisée des données de vote. Dans le premier bulletin officiel du CNE, dans la nuit du 28 au 29, le président Elvis Amoroso le confirme en débutant son annonce par un début d'explication au retard de l'annonce des résultats : « une attaque sur le système de transmission de données qui a affecté négativement la transmission des résultats »[113].

Au-delà des systèmes internes au CNE, il s'agit aussi du site internet du Conseil national électoral, inaccessible depuis le 28 juillet au soir et au moins jusqu'à la fin du mois de février 2025 (date de fin d'écriture de ce livre). C'est le site sur lequel sont censés être publiés les résultats du vote, bureau par bureau. Et l'attaque dépasse même le simple CNE.

Dans les 48 heures suivant l'élection, ce ne sont pas moins de 45 sites web institutionnels qui sont rendus hors-service. Le site de l'Assemblée nationale, ceux des différents ministères, celui du service public des télécommunications et fournisseur Internet, et bien évidemment celui de la présidence de la République. Le système *Patria* est également attaqué ; ce système qui permet aux Vénézuéliens de bénéficier des aides sociales de l'État, entre autres aux distributions alimentaires solidaires. Sur simple consultation en ligne, on peut constater que la plupart de ces sites sont encore hors-service à la fin de l'année 2024.

Dès son discours de victoire dans la nuit du 28 au 29, le président Maduro dénonce un « *hacking* massif »[114] du CNE et saisit le procureur de la République. Le 5 août, la vice-présidente Delcy Rodriguez donne davantage de détails[115], en évoquant plus de 30 millions d'attaques par minute, soit plus de 500 000 par seconde. Des attaques informatiques dont la méthode est aussi banale que redoutable : l'attaque par déni de service, aussi appelée attaque DDoS. Le principe est simple : envoyez des millions de requêtes ou de données dans un système informatique pour le faire surchauffer et le rendre hors d'usage.

---

[113] Bracci Roa, L. (2024, 29 juillet). *Elvis Amoroso da resultados: Maduro es reelegido con 51% de los votos, informa Presidente del CNE* [Vidéo]. YouTube.

[114] CNN en Español. (2024, 29 juillet). *Discurso completo de Nicolás Maduro tras ser reelegido como presidente de Venezuela, según el CNE* [Vidéo]. YouTube.

[115] Bracci Roa, L. (2024, 6 août). *Delcy Rodríguez sobre ataques informáticos durante elecciones presidenciales* [Vidéo]. YouTube.

Mais peut-être était-ce seulement la « dictature » qui inventait un scénario pour masquer sa « fraude » ? Après tout, *France 24* est clair à ce sujet : *Peu après les élections, M. Maduro a affirmé, sans fournir de preuves, qu'un piratage du système électoral avait retardé la publication des résultats officiels* [116]. Aucunes preuves, vraiment ?

Dès le 30 juillet, le compte *X* (ex-*Twitter*) du fameux groupe de *hackers Anonymous* revendique les cyberattaques des sites institutionnels vénézuéliens[117], pour lutter contre la « tyrannie du régime de Maduro ». Le lendemain 31 juillet, *Netscout* – une entreprise états-unienne spécialisée en cybersécurité – conclut une analyse des « élections vénézuéliennes vues depuis le cyberespace » en observant « une croissance inhabituelle du trafic d'entrée sur Internet le lendemain des élections »[118].

Le 14 août, l'on se rend compte que l'opération dépassait largement le simple groupe des *Anonymous*, avec la revendication[119] de l'ensemble des attaques – y compris celles exercées contre le CNE – par le *hacker* connu sous le nom d'Astra. Ce *hacker* chilien de renommée mondiale, installé au Mexique, explique toute l'opération pour s'en prendre à la « dictature chaviste » dans un entretien peu relayé au média mexicain *Publimetro.* On y apprend notamment qu'il s'agissait d'une alliance de plusieurs groupes puissants de *hackers*, parmi lesquels son groupe nommé *Cyber Hunters* mais aussi *GhostSec* ou *Anonymous.* Toujours selon Astra, la totalité du groupe additionnerait plus de 2000 hackeurs de différents pays, et aurait attaqué le système de transmission du CNE en saturant les machines avec deux térabytes de données par seconde, au-delà des 700 gigabytes annoncés initialement par les autorités vénézuéliennes.

---

[116] France 24. (2024, 21 août). *Tras alegatos de jaqueo de Maduro, Venezuela crea el Consejo Nacional de Ciberseguridad.*

[117] Anonymous TV. (2024, 30 juillet). *Publication sur X.*

[118] Resing, M. (2024, 31 juillet). *Venezuela's election seen from cyberspace.* NETSCOUT.

[119] Gómez Villaseñor, I. (2024, 14 août). *Astra rompe el silencio: del hackeo mundial a liderar la ciberguerra contra Maduro.* Publimetro.

Enfin, à la question de savoir si Astra a piloté l'opération directement avec l'opposition vénézuélienne, il raconte également ses contacts réguliers et sa coordination avec un « intermédiaire » sur place, au Venezuela, en terminant par ces déclarations : *Je n'ai pas de contact direct avec les principales personnes, mais il y a un intermédiaire (vénézuélien) avec lequel nous avons fait une application spéciale pour pouvoir échanger.* Quant à savoir si l'opération a été pilotée (ou au moins commandée) à encore plus haut niveau, ce qui est – en toute hypothèse – plus que probable, nous ne le saurons probablement jamais ou pas de sitôt.

Dans le cas du Venezuela, l'opposition nie ces cyberattaques et ses relais internationaux parlent d'un « manque de preuve ». Il existe pourtant des précédents récents et similaires à travers le monde. Comme en août 2023, lorsqu'est révélée publiquement[120] la cyberattaque massive qui a touché la commission électorale du Royaume-Uni, en charge des élections dans le pays, entre 2021 et 2022. Les données de 40 millions d'électeurs ont été exposées. En 2017, le résultat des élections présidentielles au Kenya a même été annulé par la Cour suprême après une possible manipulation des résultats suite à un « *hacking* » massif[121]. Les élections avaient alors été rejouées. Même dans l'Union européenne, si donneuse de leçons à l'égard du Venezuela, on accuse régulièrement la « menace de cyberattaques russes sur les élections »[122]. Comprenez donc que si les cyberattaques sont russes, elles sont avérées sans discussion ; si les cyberattaques sont destinées au Venezuela, il faut demander des « preuves » au Venezuela.

Il va sans dire que la cyberguerre est aujourd'hui partie prenante décisive des guerres et conflits qui traversent le monde. Dans le cas du Venezuela,

---

[120] Mediapart avec l'AFP. (2023, 8 août). *Royaume-Uni : la Commission électorale victime d'une cyberattaque d'acteurs hostiles.*

[121] Kimiko de Freytas-Tamura. (2017, 20 septembre). *Kenya court says it nullified election over possible hacking.* The New York Times.

[122] Hubert-Rodier, J. (2019, 5 mars). *Menace de cyberattaques russes sur les élections.* Les Échos.

certains ont utilisé le terme de « guerre cognitive » pour qualifier plus précisément les événements récents ; une guerre qui ferait ainsi la jonction entre la guerre dans le cyberespace et la guerre de l'information. Car dans le cyberespace des réseaux sociaux, la guerre cognitive a atteint une ampleur stupéfiante. Cela aux yeux et sus de tous, enfin de ceux qui veulent bien ouvrir leurs yeux pour le voir.

Deux plateformes ont été les piliers des opérations de l'opposition pendant les élections présidentielles : *WhatsApp* et *X*.

Le service de messagerie *WhatsApp* d'abord, a été utilisé massivement avant, pendant et après l'élection pour diffuser des appels à la haine contre le chavisme au Venezuela. De la même manière, peu avant l'élection, sur *WhatsApp* circulaient de faux messages audios préenregistrés faisant croire à une fraude massive lors de l'élection (avant même qu'elle n'ait lieu) et appelant au soulèvement. De nombreux groupes se sont formés sur la messagerie, organisant les actes de vandalisme et les crimes que l'on a explicité plus haut. Dans certains cas, des appels au meurtre qui ont été relayés sur les autres plateformes et services de messagerie du groupe *Meta Platforms Inc.*, propriétaire de *WhatsApp* mais aussi d'*Instagram* et *Facebook*. Le président Maduro a même accusé la plateforme d'avoir remis la base de données contenant les informations sur ses utilisateurs vénézuéliens à l'opposition pour qu'elle s'organise[123]. Une information que je ne peux ni confirmer ni infirmer ici. Ceci étant, Nicolas Maduro désinstallera quand même *WhatsApp* en direct devant les caméras de télévision le 7 août, invitant les Vénézuéliens à faire de même et accusant également la responsabilité de *TikTok* et *Instagram* dans « l'installation de la haine pour diviser »[124]. Le service de messagerie n'a cependant pas été interdit dans le pays.

Dans le cas de *X*, les choses sont allées beaucoup plus loin. Son propriétaire, le milliardaire états-unien Elon Musk – et alors futur secrétaire

---

[123] El Informador avec EFE. (2024, 13 août). *Venezuela: Maduro acusa a WhatsApp de entregar a líderes opositores la base de datos del país.*

[124] RFI. (2024, 7 août). *Maduro desinstala WhatsApp em cadeia nacional e ataca redes sociais na Venezuela.*

à « l'efficacité gouvernementale » de Donald Trump – a ouvertement pris part à la campagne anti-Maduro, multipliant les déclarations hostiles contre le président et d'autres de soutien à l'opposition. Je vous laisse apprécier la hauteur d'esprit et la nuance de quelques-unes de ses nombreuses publications.

> Il est temps que le peuple vénézuélien ait la chance d'avoir un avenir meilleur. Soutenez Maria Corina ! (27 juillet 2024, 114M vues)
>
> Le peuple vénézuélien en a assez de ce clown. (29 juillet 2024, 133M vues)
>
> Un âne est plus intelligent que Maduro. (29 juillet 2024, 94M vues)
>
> Si l'armée soutient la volonté du peuple, c'est fini pour Maduro. (30 juillet 2024, 55M vues)
>
> Les gens ont voté massivement pour Gonzalez. (31 juillet 2024, 68M vues)
>
> Maduro est lui-même un grand gaillard et sait probablement se battre, donc ce serait un vrai combat. Zuck est un petit gars, donc ce serait un combat court lol. (31 juillet 2024, 516k vues)
>
> J'arrive te chercher Maduro ! Je t'emmènerai à Guantanamo à dos d'âne. (1er août 2024, 92M vues)
>
> Maduro se drogue clairement grâce à sa propre réserve de drogue. Pour rappel, voici sa vraie affiche de récompense de la DEA : [15 millions de dollars pour sa capture]. (2 août 2024, 1M vues)

J'ai compté 29 tweets anti-chavistes d'Elon Musk en une semaine, pour un total cumulé de près d'un milliard de vues. Et s'il s'agissait seulement des déclarations du propriétaire de *X* ! Quiconque utilisait *X* au Venezuela pendant l'élection présidentielle s'est rendu compte de la quantité phénoménale de désinformation qui pullulait sur le réseau. Une dizaine de comptes foncièrement anti-Maduro, d'une violence extrême dans leurs propos, ont monopolisé l'information en espagnol qui circulait à propos du

Venezuela sur *X* (@eduardomenoni, @emmarincon, @uhn_plus, @johnffonseca, @realerikdprince, @alertanews24, @mundoeconflicto, @agusantonetti pour ne citer qu'eux). Ces mêmes comptes avaient des jumeaux français par exemple, partageant le même contenu mensonger (@CartesDuMonde, @Aliyah01150546, @restitutorII). De gros comptes (pour la plupart réels) relayés ou relayant la désinformation d'une armée de petits comptes additionnels, et sans compter les comptes extraordinairement suivis de nos chers candidats Edmundo Gonzalez et Maria Corina Machado.

Aucune étude statistique n'existe – au moment où j'écris ces lignes – pour approuver empiriquement l'hypothèse d'une orientation de l'algorithme de *X* dans l'élection présidentielle vénézuélienne au profit de l'extrême et ultra droite vénézuélienne. Nous en avons cependant un indice important dans une étude[125] publiée en novembre 2024 par une université états-unienne, la *Queensland University of Technology*. Celle-ci suggère que l'algorithme de *X* a été modifié de façon substantielle à partir de juillet 2024, faisant grimper spectaculairement l'audience des publications d'Elon Musk et des comptes conservateurs aux États-Unis. Une modification faite suite au soutien annoncé d'Elon Musk à la candidature de Donald Trump à la présidence, et concordant également avec la campagne présidentielle au Venezuela. Tous les comptes qui sont apparus à l'avant-garde de l'anti-madurisme sur *X* sont également des comptes pro-Trump dans leur majorité. Dans ce cadre, n'auraient-ils pas bénéficié – directement ou indirectement – du même coup de *boost* donné à l'ensemble des comptes conservateurs aux États-Unis ? On peut raisonnablement le penser.

Les publications largement diffusées par l'algorithme vont donc de manipulations (parfois excessivement grossières) sur les manifestations et *guarimbas* dans le pays aux appels au meurtre de dirigeants politiques chavistes, Maduro et ses ministres en première ligne. Des manipulations massives ont notamment été observées dans la foulée de l'annonce des résultats, entre le 28 et le 29 juillet, lorsque plusieurs dizaines de fausses

[125] Davis, W. (2024, 17 novembre). *Musk's Trump endorsement and X boosting Republican posts trace back to July algorithm change*. The Verge.

vidéos sont relayées sur *X*, montrant de soi-disant manifestations « massives » au Venezuela pour contester les résultats, « réprimées dans le sang ». Il apparaît très vite que les images utilisées sont tantôt datées, tantôt prises dans d'autres pays, tantôt simulées, ou voire même extraites de scènes de film. En voici une liste bien non-exhaustive établie par différents comptes anti *fake news* sur *X*, que je compile ici pour se rendre compte de la grossièreté de la manœuvre.

| PUBLICATION | DATE ET HEURE (CCS) | AUTEUR | *FAKE NEWS* | AUDIENCE (DEC. 2024) |
|---|---|---|---|---|
| | 28/07 21h55 | @jorgecalixhn Candidat présidentiel au Honduras 127k abonnés | Supposée manifestation de vénézuéliens se dirigeant vers le CNE. En réalité une vidéo de 2017. | 74.100 vues |
| | 28/07 21h56 | @marionawfal Entrepreneur et influenceur 1,8 million d'abonnés | Supposé selfie d'un chaviste à l'intérieur de la salle de décompte des voix du CNE, montrant des graphiques donnant gagnant Edmundo Gonzalez. En réalité une *story* d'un employé d'un centre informatique dans un centre commercial. | 4.400.000 vues (retweeté par Elon Musk) |

| | | | | |
|---|---|---|---|---|
|  | 28/07<br>22h17 | @emmarincon<br>Consultant<br>537k abonnés | IDEM | 4.500.000 vues |
|  | 28/07<br>22h24 | @eduardomenoni<br>Journaliste<br>1 million<br>d'abonnés | IDEM | 312.500 vues |
|  | 28/07<br>22h37 | @uhn_plus<br>Média<br>« information »<br>1 million<br>d'abonnés | IDEM | 16.500.000<br>vues |
|  | 28/07<br>22h39 | @alertanews24<br>Compte<br>« information »<br>2,3 millions<br>d'abonnés | Supposés *colectivos*<br>chavistes armés<br>volant des urnes avec<br>les votes de la journée<br>dans un bureau de<br>vote à Punta Cardon.<br>En réalité un vol de<br>climatiseurs. | 2.400.000 vues |
|  | 28/07<br>22h56 | @eduardomenoni<br>Journaliste<br>1 million<br>d'abonnés | IDEM | 2.500.000 vues |

|  | 28/07 | @elonmusk<br>PDG de X,<br>deuxième fortune mondiale | IDEM | Tweet supprimé. Probablement des millions. |
|---|---|---|---|---|
|  | 29/07<br>05h55 | @mariafdacabal<br>Sénatrice colombienne<br>671k abonnés | Supposée vidéo de jeunes torturés par le régime. En réalité une scène du film *Simon*, réalisé par l'opposition elle-même. | Tweet supprimé. Au moins 1.100.000 vues (dernière capture d'écran). |
|  | 29/07<br>11h45 | @emmarincon<br>Consultant<br>537k abonnés | Supposée manifestation chaviste. En réalité une vidéo datée. | 511.800 vues |
|  | 29/07<br>11h53 | @dalyseleon<br>Vénézuélienne<br>3100 abonnés | Supposée vidéo de policiers volant des pneus dans un parking. En réalité une vidéo de 2017. | 831.500 vues |
|  | 29/07<br>11h56 | @napoleonbravo<br>Journaliste<br>1,1 millions d'abonnés | Supposée manifestation à Maracaibo. En réalité une vidéo de 2017. | 664.700 vues |

| | | | | |
|---|---|---|---|---|
|  | 29/07 12h08 | @leopoldolopez *Leader* de l'extrême droite vénézuélienne 5,2 millions d'abonnés | Supposée manifestation à Maracay. En réalité une vidéo datée et prise dans une autre ville. | 447.100 vues |
|  | 29/07 12h10 | @plomoparejo Compte « informations » 770k abonnés | Supposée manifestation dans les quartiers populaires de Caracas. En réalité une vidéo prise en Afrique. | 584.300 vues |
|  | 29/07 12h33 | @mluciaramirez Ex-vice-présidente de la Colombie 789k abonnés | Supposée vidéo de manifestation. En réalité une vidéo de 2017. | 164.300 vues |
|  | 29/07 13h08 | @mluciaramirez Ex-vice-présidente de la Colombie 789k abonnés | Supposée vidéo de manifestation avec gaz lacrymogène. En réalité une vidéo de 2017. | 1.900.000 vues |
|  | 29/07 10h42 | @salvaranm Activiste colombien 243k abonnés | Supposée vidéo de militaires rebelles contre le « dictateur criminel Maduro ». En réalité une vidéo de 2017. | 5.900.000 vues |

| | 29/07<br>18h45 | @andresbelloccs<br>Ex-conseiller municipal<br>8383 abonnés | Supposée vidéo d'un jeune homme assassiné par la répression. En réalité une mise en scène. L'individu a été arrêté et a avoué la mise en scène à la police. | 256.200 vues |
|---|---|---|---|---|
| | 02/08<br>23h26 | @supershadai<br>Militant uribiste<br>16,9k abonnés | Supposée vidéo de jeunes torturés par le régime. En réalité une scène du film *Simon*, réalisé par l'opposition elle-même. | 6.500.000 vues |

Et il ne s'agit là que d'un pourcentage très réduit de ce qui a été partagé, et seulement en espagnol. Ayez donc bien à l'esprit que les audiences présentées dans ce tableau ne prennent en compte que celles réalisées par les publications initiales, sans rien additionner. Là aussi une étude approfondie permettrait de faire la lumière sur l'audience et la diffusion réelle de ces fausses informations.

Voici donc la réalité alternative qui a été créée sur le Venezuela, à propos des élections présidentielles. Une véritable guerre cognitive, appuyée par la cyberguerre, dont l'objectif demeure inchangé : le changement de régime. Il ne faut pas gagner aux élections face à Maduro, il faut faire tomber le dictateur. Et face à la haine massive diffusée par *X*, Nicolas Maduro prend la décision radicale d'interdire *X* pour dix jours et par décret[126], à partir du 9 août. Depuis, le chavisme a presque totalement déserté *X*, président et ministres compris. Cependant, il était alors moins aisé d'accuser le Venezuela d'attenter à la « liberté d'expression » lorsque trois jours plus tard la

[126] El Economista. (2024, 9 août). *Maduro prohíbe el uso de X en Venezuela por 10 días.*

Commission européenne, par la voix de Thierry Breton, reprochait aussi à *X* son manque de modération et menaçait Elon Musk de sanctions s'il ne se plie pas aux lois de l'UE[127]. Ou lorsque, dans le même mois, le Brésil annonce la suspension de *X* de son territoire, face au refus d'Elon Musk de se plier aux réglementations du pays[128]. Heureusement donc que dans ce moment, le Venezuela n'était pas le seul à s'en prendre à *X*.

Pour beaucoup de Vénézuéliens, ces manipulations sur *X* et les grandes multinationales des réseaux sociaux sont apparues grotesques et grossières. Mais qu'en est-il pour nous autres, ceux qui vivons en dehors du Venezuela ? Pour nous, l'authenticité d'une information sur le Venezuela est malheureusement devenue aussi rare que du diamant.

---

[127] Ferraris, S. (2024, 14 août). *Insultes d'Elon Musk contre Thierry Breton : X (ex-Twitter) peut-il être banni de l'Union européenne ?*. *BFM TV*.

[128] Ortutay, B., Sá Pessoa, G., & Biller, D. (2024, 31 août). *Brasil bloquea la red social X por negarse a nombrar un representante legal*. Associated Press.

# CHAPITRE FINAL

## SUITE ET LEÇONS

*« Es el momento de cobrar » : c'est le moment de faire payer l'addition.*

Ce récit des élections présidentielles au Venezuela ne commence pas à ces élections ni se termine après celles-ci. Il faut se poser la question des suites politiques que prétend donner l'extrême droite au scrutin du 28 juillet, pour se projeter dans le possible Venezuela de 2025. Et il faut tout aussi bien prendre le luxe du recul sur ces événements récents, et commencer à les envisager dans leur ensemble comme une opportunité de tirer des leçons politiques de l'expérience vénézuélienne. C'est ce que je vous propose pour clore cette chronique.

### Le 10 janvier 2025 : bis (ter) repetita ?

L'élection présidentielle vénézuélienne est-elle réellement terminée ? La réponse à la question diffère des termes qu'on lui appose. Si l'on parle du scrutin national qui a eu lieu le 28 juillet 2024, assurément la réponse est *oui*. Si l'on évoque cependant le plan de l'extrême droite visant à utiliser cette élection pour provoquer un changement de régime, la réponse est plus nuancée.

On l'a vu, dès le 5 août cette opposition est arrivée à bout de souffle, quémandant (si tôt !) l'appui des militaires, et réduite à peau de chagrin dans ses mobilisations nationales. La stratégie du changement de régime a une fois de plus échoué, comme elle échoua systématiquement depuis 2002. Que s'est-il passé par la suite pour cette stratégie, et que pouvons-nous attendre de l'année 2025 pour le Venezuela ?

Il faut d'abord évoquer le sort de nos deux « héros » préférés. Pour ce qui est de notre fausse candidate Maria Corina Machado, jusqu'à la veille de l'investiture officielle du 10 janvier 2025, elle n'avait pas fait d'apparition publique depuis le 28 août 2024 à Caracas, dans une mobilisation qu'elle a convoqué un mois après l'élection et qui a réuni tout au plus…un coin de rue. *El Pais* réalisa alors un portfolio[129] forcé de la « marche contre la réélection de Nicolas Maduro ». Même en exagérant et en présentant des plans plus rapprochés que jamais, sans foule, le journal espagnol évoque « des milliers de sympathisants de Maria Corina Machado rassemblés à l'est de Caracas » pour « maintenir la pression de la rue face à la répression du chavisme ». Même en gonflant les chiffres, le compte d'*El Pais* admet bien le fait qu'on soit loin des « sept millions » d'électeurs que prétend pourtant avoir réuni la fausse candidate. Cela a probablement démotivé notre candidate malheureuse qui, après cette date, a disparu de la « rue » qu'elle prétendait prendre pour « faire payer l'addition » de l'élection présidentielle.

En fait, elle déclarait déjà depuis le 1er août dans un entretien au *Wall Street Journal*[130] être passée à la « clandestinité », ayant « peur pour [sa] vie, [sa] liberté et celles de [ses] compatriotes dans la dictature dirigée par Nicolas Maduro ». Si « clandestine » qu'elle apparaît deux jours plus tard dans une

---

[129] El País. (2024, 28 août). *La protesta de la oposición venezolana, en imágenes.*

[130] Machado, M. C. (2024, 1er août). *I can prove Maduro got trounced, Venezuela election stolen.* The Wall Street Journal.

manifestation à Caracas, le 3 août, puis de même le 17 et le 28 du même mois[131]. J'ai raconté l'anecdote aux amis qui ont vécu la clandestinité (réelle) sous Pinochet. Ils ont ri.

Après le 28 août, Machado ne fait plus d'apparition publique en dehors des innombrables vidéos prises en intérieur sur fond blanc, et des tout aussi innombrables entretiens donnés à la presse internationale, dans laquelle elle raconte être « cachée » et tente de nous faire pleurer sur son sort. A la lecture par exemple d'un entretien[132] donné au magazine *Paris Match* en décembre, on en a presque la larme à l'œil. La candidate « se cache désormais au Venezuela dans la plus grande solitude », après avoir « semé de justesse la police politique ». On l'imagine aisément cachée dans les montagnes, prenant le maquis. Le *Che* et Fidel doivent se retourner dans leurs tombes.

Il faut attendre le 9 janvier 2025 pour la voir de nouveau apparaître en dehors des écrans. Elle fait un court discours à l'occasion d'une « mobilisation nationale et internationale » qu'elle a convoquée pour tenter d'investir son candidat le lendemain. *Le Venezuela dans la rue*, tel est le slogan établi par l'appel à manifester. Problème : il n'y a personne. Une fois de plus, c'est le chavisme qui a pris de court l'opposition en manifestant jusque dans ses quartiers. Il fallait voir cela ! Dans les quartiers aisés de Caracas, bastion de l'opposition, marchait sur l'avenue principale Francisco de Miranda le chavisme, tandis que dans un coin de rue parallèle était rassemblée une poignée de soutiens de Maria Corina. Tout cela très pacifiquement. Pour l'avoir vue de mes propres yeux, la scène était aberrante si l'on s'en tient à la légende d'un pays présenté comme une dictature. Cela n'empêche pas Maria Corina de simuler son arrestation par la « police du régime », par l'intermédiaire d'un *tweet* de son équipe de campagne, repris dans la minute (sans jeu de mots) par les agences de presse occidentales. Une

---

[131] Voz de América. (2024, 28 août). *María Corina Machado reaparece en acto público, pide a los venezolanos que vuelvan a las calles y hace otro llamado a los militares.*

[132] Debray, L. (2024, 15 décembre). *María Corina Machado : rencontre avec la femme qui défie le pouvoir au Venezuela.* Paris Match.

situation qui aurait très vite pu dégénérer si, face au grotesque de la situation et peut-être aussi face au danger généré par cette mise en scène pour le pays, elle n'aurait pas démentie elle-même son « arrestation » dans une vidéo publiée quelques dizaines de minute plus tard. Une fois de plus, la presse occidentale a massivement partagé dans l'immédiat la nouvelle de l'arrestation, mais a tardé (ou oublié parfois) à publier le démenti. L'on a alors peut-être vécu les derniers balbutiements d'un leadership d'extrême droite arrivé à bout de souffle dans l'opposition vénézuélienne.

Malgré ses multiples agissements condamnables par la loi vénézuélienne et les lois de la plupart des pays ayant un État de droit dans le monde, il n'y a à ce jour aucun ordre d'arrestation émis à l'encontre de Maria Corina Machado, bien qu'une enquête du procureur général de la République soit en cours.

Pour l'autoproclamé « président élu du Venezuela », Edmundo Gonzalez, la situation est différente.

Edmundo n'apparaît qu'une fois après l'élection, le 30 juillet, avant de disparaître lui aussi dans la « clandestinité ». Si l'information n'est pas tout de suite rendue publique, il est en réalité et en effet caché à l'ambassade des Pays-Bas puis à l'ambassade espagnole, et y demeure pendant plus d'un mois. Lui aussi est évidemment sous enquête judiciaire.

Début septembre, un mandat d'arrêt[133] est émis contre lui par le Tribunal suprême de justice pour les délits présumés suivants : usurpation de fonction ; falsification de document public ; incitation à la désobéissance à la loi ; conspiration ; atteinte aux institutions de l'État ; complicité dans l'usage d'actions violentes troublant la paix publique ; diffusion de fausses informations ignorant des résultats électoraux dans le but de susciter des troubles au sein de la population ; sabotage ou dommages aux systèmes ; blanchiment. À la lumière de ce que vous avez lu dans ce livre, pensez-vous que ces accusations soient de simples élucubrations arbitraires du « régime »

---

[133] García, V. (2024, 8 novembre). *Venezuela pide a la Interpol que detenga al opositor González Urrutia*. Cadena SER.

ou des délits possiblement constatés et punis par les lois de la plupart des États de droit, dont celles du Venezuela ?

Acculé, et probablement en tension avec le *leadership* envahissant de Machado, le candidat vaincu finit par entrer en contact avec le gouvernement, qu'il invite à l'ambassade espagnole pour négocier. Dès la deuxième rencontre, une lettre est signée le 7 septembre par lui-même, le président de l'Assemblée nationale Jorge Rodriguez et la vice-présidente Delcy Rodriguez. Une lettre au départ confidentielle, dans laquelle Edmundo reconnaît la sentence du TSJ confirmant la victoire du président Maduro, et dans laquelle il exprime également sa volonté de demander l'asile politique à l'Espagne, le gouvernement s'engageant à lui accorder le sauf-conduit nécessaire à sa sortie du pays et lui s'engageant à renoncer à ses prétentions d'auto-proclamation présidentielle. Le sauf-conduit est respecté, et dans un avion de l'armée espagnole venu le chercher, il quitte Caracas pour atterrir à Madrid le 8 septembre.

Edmundo Gonzalez n'a en réalité que faire du document qu'il a signé et reprend son action politique auto-proclamatrice, depuis l'Europe cette fois. Contrairement à ce qu'il signe à Caracas, il reprend à Madrid le récit de la fraude et de sa victoire. Le gouvernement vénézuélien rend public[134] le document confidentiel signé pour prouver le manquement à la parole donnée. Edmundo Gonzalez affirme qu'il a signé ce document « sous la contrainte » du régime[135]. Le chavisme rétorque en publiant[136] l'enregistrement audio et les photographies de la rencontre très cordiale à l'ambassade espagnole.

---

[134] Bracci Roa, L. (2024, 18 septembre). *Jorge Rodríguez, rueda de prensa sobre Edmundo González y carta firmada donde reconoce sentencia TSJ* [Vidéo]. YouTube.

[135] Lozano, D. (2024, 18 septembre). *Edmundo González revela que firmó un documento del régimen chavista bajo "coacciones" en la embajada española para salir de Venezuela*. El Mundo.

[136] The Objective. (2024, 19 septembre). *El presidente de la Asamblea de Venezuela difunde un audio de su reunión con González.*

Peu importe, cela n'empêchera pas le candidat vaincu de lancer une nouvelle campagne pour sauver les meubles en déclarant son retour prochain au Venezuela. « Je m'y rendrai le 10 janvier pour prendre mes fonctions de président élu du Venezuela », déclara-t-il le 4 octobre[137]. Le 10 janvier 2025, c'est la date d'investiture du président élu pour le mandat donné lors de l'élection du 28 juillet. Voilà donc le nouveau plan de l'opposition d'extrême droite pour faire durer la présidentielle : répéter de nouveau les auto-proclamations à la mode de Guaido en 2019 ou de Carmona en 2002.

Entre temps, il entame une tournée en quête de soutien au sein de l'Union européenne. Il s'entretient publiquement avec la fine fleur de l'extrême droite européenne, son alliée. Le 30 septembre il se réunit avec le leader de *Vox* en Espagne, Santiago Abascal[138], puis le 28 octobre avec la première ministre italienne, Giorgia Meloni[139], tous deux à l'avant-garde de l'extrême droite dans leurs pays respectifs. C'est également avec les voix de la droite et de l'extrême droite européennes qu'il recevra conjointement avec Maria Corina Machado (absente pour la cérémonie) le prix *Sakharov* du parlement de l'UE le 17 décembre[140], réitérant que « la grande majorité de l'électorat s'est fermement exprimée en [sa] faveur » et qu'il retournera au Venezuela pour son investiture le 10 janvier. Si vous vivez en Europe, vous avez d'ailleurs sûrement dû voir passer sur vos réseaux sociaux, en particulier *Instagram*, des publications sponsorisées par le parlement européen pour mettre en avant le duo Machado-Gonzalez.

---

137 La Verdad. (2024, 4 octobre). *González Urrutia anuncia que regresará a Venezuela para tomar posesión el 10 de enero.*

138 Benito, A. (2024, 30 septembre). *Santiago Abascal se reúne en el Congreso con Edmundo González y le traslada el apoyo de VOX al pueblo venezolano.* La Gaceta.

139 El Tiempo. (2024, 28 octobre). *Giorgia Meloni se reunió con Edmundo González en Roma y reafirmó su 'apoyo a la transición democrática' en Venezuela.*

140 Communiqué de presse du PE. (2024, 17 décembre). *Le Parlement honore Edmundo González Urrutia et María Corina Machado.*

Contenu sponsorisé par le Parlement européen sur Instagram (captures d'écran)

Pendant ce temps-là, le Département d'État et ses sous-fifres prennent le relais sur place. Le 30 août l'ex-*Navy SEAL* et PDG d'*Academi* (ex-*Blackwater*), une société privée de mercenaires basée aux États-Unis, offre à Biden d'augmenter la récompense pour la capture de Maduro et diverses personnalités chavistes à 100 millions de dollars. Deux semaines plus tard, il entamera une récolte de fond occulte nommée *Ya casi Venezuela* (On y est presque Venezuela), à travers laquelle des millions de dollars vont être récoltés…sans aucune nouvelle sur leur utilisation par la suite.

Les opérations démantelées de mercenaires et espions sur le sol vénézuélien se sont également multipliées. Le 14 septembre[141], plus de 400 armes de guerre de fabrication états-unienne et en provenance des États-Unis sont saisies au Venezuela. Six mercenaires étrangers sont arrêtés, parmi

[141] Misión Verdad. (2024, 17 septembre). *Una lectura panorámica del último plan terrorista desmantelado.*

lesquels trois citoyens états-uniens, deux espagnols et un tchèque. Certains sont des militaires actifs dans leur pays, d'autres retirés. Les plans déjoués vont de la création d'incidents comme une attaque à l'explosif sur l'ambassade d'Argentine, à l'assassinat de diverses personnalités politiques, dont le président Maduro. Le 17 octobre[142], un nouveau groupe de 19 mercenaires est capturé, engagés depuis les États-Unis et l'Europe. On y trouve de nouveau des citoyens états-uniens, dont un *hacker* qui aurait participé à des actions de sabotage au Venezuela. 71 fusils d'assaut états-uniens sont saisis. Le 23 novembre[143], encore de nouvelles arrestations de mercenaires. Et encore un, envoyé par l'Argentine, en décembre[144].

Toutes ces opérations sont documentées par le ministère de l'intérieur, et les preuves sont disponibles publiquement. Le Département d'État a confirmé les détentions, y compris la présence de militaires actifs dans celles-ci, tout en niant catégoriquement les opérations évidemment.

C'est aussi la piraterie internationale qui continue avec la saisie (c'est-à-dire le vol), sur ordre de Washington, d'un avion de la flotte présidentielle vénézuélienne en République dominicaine le 2 septembre[145], arguant du fait qu'il violerait leurs propres sanctions imposées. Et si seulement il ne s'agissait que de l'administration démocrate de Biden ! Le 6 février 2025, un autre avion appartenant à l'État vénézuélien est saisi[146] par le secrétaire d'État de Donald Trump en personne, Marco Rubio, sur le tarmac de l'aéroport de Saint-Domingue. Tout est permis avec le Venezuela, et il n'a pas fallu attendre Trump pour cela.

---

[142] Misión Verdad. (2024, 18 octobre). *La agenda mercenaria no cesa en la búsqueda de detonar el swarming.*

[143] Misión Verdad. (2024, 25 novembre). *Operación "No a la Navidad" y la tesis del colapso inducido.*

[144] *La Nación.* (2024, 14 décembre). *Un gendarme argentino fue capturado por las fuerzas chavistas de la Dirección de Contrainteligencia.*

[145] L'Orient-Le Jour avec l'AFP. (2024, 2 septembre). *Les autorités américaines annoncent avoir saisi l'avion du président vénézuélien Maduro.*

[146] TV5 Monde. (2025, 6 février). *Un deuxième avion vénézuélien saisi par les États-Unis sous la houlette de Rubio.*

Dans ce contexte d'attente du 10 janvier pour l'opposition, le boulot était donc largement fait par Washington, toujours en vain. Peut-il y avoir une évolution dans la posture nord-américaine à l'égard du Venezuela ? Etrangement, c'est possible pour le meilleur comme pour le pire. Les années Trump I ont été d'une brutalité absolue pour le Venezuela, et les premiers signaux envoyés par le nouveau président états-unien sont à mesurer avec prudence. Il a commencé par nommer deux cubains d'origine, foncièrement anticastristes et antichavistes, aux deux postes clés du Département d'État pour l'Amérique latine. À la tête, comme secrétaire d'État, le sénateur de Floride Marco Rubio, qui n'hésitait pas à tweeter en 2019 des photos de Kadhafi ensanglanté, menaçant Maduro du même sort[147]. Et comme envoyé spécial pour l'Amérique latine, de Floride également Mauricio Claver-Carone, un anticastriste fervent et partisan de la ligne dure contre le Venezuela. Cependant, dans le même temps, si Trump commence son mandat en affirmant que les États-Unis n'achèteraient plus une goutte de pétrole au Venezuela (« Nous n'en avons pas besoin », affirme-t-il le 20 janvier 2025[148]), il permet la rénovation automatique de la licence d'exploitation accordée à Chevron le 1er février. Dans sa croisade qu'il pense diriger contre tout ce qui ressemble ou se donne l'apparence de la solidarité aux États-Unis, il entame également son mandat en remettant en cause des institutions aussi vitales que la NED ou l'USAID pour une partie de l'opposition vénézuélienne, qui a toujours vécu de ces financements selon le modèle établi par Maria Corina Machado elle-même.

Le Venezuela profitera peut-être donc de la bêtise de ses adversaires, mais il est aussi certain que le pays ne comptera une fois de plus que sur lui-même, loin de Washington, fort de son expérience de résistance et de ses relations internationales avec le nouveau bloc contre-hégémonique que représentent les BRICS. Au fond, tant d'énergie déployée pendant tant d'années pour

---

[147] Gilmour, J. (2019, 24 février). *Rubio tweets bloodied Gaddafi photo as he calls for Maduro to step down in Venezuela*. Miami Herald.

[148] Padinger, G. (2025, 22 janvier). *Trump dice que EE.UU. no necesita el petróleo de Venezuela: ¿es cierto?*. CNN en Espanol.

provoquer un changement de régime qui n'a pas eu lieu, n'aura montrer que trop bien la faiblesse croissante d'un vieux monde qui, au comble de son arrogance, se croit toujours central.

## Alors, c'est une démocratie ?

Ainsi donc s'achève (presque) le récit d'une élection présidentielle en terre bolivarienne. Un premier récit, forcément incomplet, forcément en recherche d'exhaustivité. Il reste tant à dire, à commencer par ce qui suit.

De l'extérieur, peu sont ceux qui ont pris la mesure de l'ampleur du siège économique que subit le Venezuela depuis 2014, c'est-à-dire depuis le feu vert donné par le Congrès des États-Unis à l'établissement de mesures coercitives unilatérales (MCU) contre le pays. Plus d'un millier de MCU ont été décidées depuis 2015, visant le gouvernement, les institutions et l'architecture financière du pays, à commencer par son industrie pétrolière.

Rendez-vous compte ! Du fait des « sanctions », entre 2015 et 2023, le pays a perdu 90% de ses revenus, soit l'équivalent de 642 milliards de dollars en produit intérieur brut (PIB)[149]. Sa production pétrolière a chuté de 87% entre 2015 et 2020, passant d'une moyenne de 2,5 millions de barils produits par jour à seulement 339.000 par jour. Il s'est vu gelé la plupart de ses actifs à l'étranger, pour un montant total dépassant les 30 milliards de dollars, où l'on retrouve notamment sa filiale pétrolière aux États-Unis *Citgo*. *De facto*, le pays a aussi été exclu du système de paiement international *SWIFT*, jadis fondamental pour les paiements de banque centrale à banque centrale par exemple. 39 navires de l'entreprise pétrolière *PDVSA*, 30 navires étrangers ayant fait du commerce avec le Venezuela, et 57 avions appartenant à l'État vénézuélien ont aussi été « sanctionnés ». Tout comme la plupart des

---

[149] Observatorio Venezolano Antibloqueo. (2023, août). Los Números del Bloqueo (2014-2023).

transactions financières destinées à l'achat de médicaments, de vaccins, d'aliments et de semences, bloquées à leur tour.

Lorsque j'ai connu le Venezuela pour la première fois, à la fin de l'année 2017, l'État n'avait donc plus un sou, l'inflation semblait incontrôlable, les rues étaient désertes la nuit, le pays manquait de tout. L'économie du pays était à genoux, et tout le monde le vivait dans sa propre chair. Et pourtant ! Le Venezuela a résisté et surmonté le blocus.

Le Venezuela que l'on a connu en 2024, pendant l'élection présidentielle, c'est celui d'un pays aujourd'hui changé, bien plus et raisonnablement optimiste. L'hyperinflation s'est arrêtée et l'économie connaît une croissance parmi les plus fortes d'Amérique latine, ininterrompue sur 13 trimestres consécutifs en août 2024. Selon la Banque centrale vénézuélienne (BCV)[150], la croissance au second trimestre de 2024 a atteint 8,78%. Une tendance confirmée y compris par des organismes internationaux hostiles comme le FMI[151], qui tablait sur une croissance de 4% en 2024 et en prévoit tout autant pour 2025. Des chiffres d'autant plus optimistes que les autorités vénézuéliennes profitent de la situation pour tenter de sortir leur pays de sa dépendance historique au pétrole, notamment en matière alimentaire.

Dans son *Plan de Développement 2030*[152], le Venezuela prévoit d'être souverain alimentairement et exportateur d'aliments d'ici à 2030. Et les premiers chiffres confirment une tendance dans ce sens, bien que le pays vienne de loin. Rien qu'en 2012, selon la BCV et le ministère de l'alimentation[153], le Venezuela importait notamment 20% de son fromage et de son riz, 30% de sa viande de bœuf, 40% de ses céréales, 45% de ses huiles de cuisine, 62% de son sucre, 70% de son maïs ensilage, 80% de son lait, 90%

---

150 Banco Central de Venezuela. (2024, 29 août). *Suman trece trimestres de crecimiento en la actividad económica.*

151 Benito, L. (2024, 25 avril). *La economía de Venezuela crecería más que la de Colombia, según previsiones del FMI.* Infobae.

152 VTV. (2024, 31 août). *Plan de Desarrollo 2030 potenciará soberanía alimentaria de Venezuela.*

153 El Comercio. (2012, 10 septembre). *Venezuela depende de la importación de alimentos.*

de son lait en poudre, 100% de son blé. C'est-à-dire une dépendance aux importations alimentaires qui allait de 20% à 100% en fonction des secteurs. Depuis le début de la récupération économique en 2021, la croissance du secteur agricole oscille entre 4% et 7% (BCV). Selon les chiffres fournis par l'Association nationale des supermarchés et hypermarchés (ANSA)[154], à la fin de l'année 2024, le taux d'approvisionnement des supermarchés était de 98%, avec 97% des produits qui sont directement issus de la production nationale. On trouve désormais de tout dans tout le pays, et le *Made in Venezuela* va *crescendo.*

L'entretien et le développement des infrastructures reprennent aussi petit à petit, les grands projets commencent à revoir le jour, notamment en matière de transport et de tourisme. Caracas est particulièrement méconnaissable, les espaces publics mêlant installations sportives, festives et culturelles se récupèrent et se multiplient. L'insécurité n'est plus, dans bon nombre de quartiers autrefois réputés infréquentables. Selon les chiffres de la police criminelle (CICPC)[155], le taux d'homicide a chuté entre 2016 et 2024, passant de 56 à 4,1 homicides pour 100 000 habitants. Bien que non contesté par l'opposition, c'est un fait qui est passé sous les radars médiatiques internationaux, qui accusaient pourtant à tour de bras le Venezuela d'être « le pays le plus dangereux au monde »[156]. Ils sont d'ailleurs probablement occupés à encenser dans ce sens l'autoritarisme de Bukele au Salvador, plutôt que d'interroger cette réussite vénézuélienne.

Toujours est-il que l'élection présidentielle vénézuélienne est l'aboutissement politique de cette « petite » histoire. Et c'est peut-être cela que l'opposition d'extrême droite aura réussi à cacher aux yeux du monde, avec la stratégie recyclée du changement de régime.

---

[154] Lara, V. (2024, 22 février). *97% de los productos que se venden en los supermercados son hechos en Venezuela.* Últimas Noticias.

[155] MIJP Radio Multimedia. (2025, 29 janvier). *Cicpc al Día I Casos de connotación* [Vidéo]. YouTube.

[156] RFI. (2018, 29 décembre). *Le Venezuela est désormais le pays le plus dangereux au monde : crime et crise.*

Pour la première fois depuis son arrivée à la présidence du pays en 2013, le président Nicolas Maduro a en réalité obtenu une victoire politique nationale majeure. Souvenez-vous. En 2013, l'opposition était unie mais Maduro ne gagnait que d'une courte tête. En 2018, Maduro gagnait cette-fois largement mais avec une grande partie de l'opposition qui ne participait pas au scrutin. En 2024, non seulement le président est réélu pour un troisième mandat consécutif, mais il l'est face à une opposition plus unie que jamais, avec plus d'un million de voix d'écart sur son principal adversaire, et avec une très forte participation des électeurs. Il semble que le *show* ait donc eu raison (au moins dans la presse *mainstream*) de ce constat de victoire inédite pour le président Maduro. Et cette victoire s'explique en partie par un constat très simple : Nicolas Maduro incarne celui qui a vaincu « l'empire » en relevant économiquement le pays, après avoir subi et continué de subir des années de blocus économique et financier international.

Bien sûr, il n'est pas le seul artisan de cette réussite. Comment ne pas parler par exemple de sa vice-présidente, Delcy Rodriguez, femme infatigable qui a livré bataille sur tous les fronts du blocus, sur la scène nationale comme à l'international ? Comment ne pas parler de l'immense masse résiliente des Vénézuéliens qui, contrairement à ce qu'affirment les mauvaises langues, n'est pas partie « massivement » du pays et s'est organisée magnifiquement pour survivre aux temps durs qu'on lui imposait de l'extérieur ? Pour ce qui est du président, en effet, cette élection présidentielle a fini de consacrer le *leadership* propre de celui qui a dû relevé le défi de la succession à un géant du XXIe siècle, comme l'a été le président Hugo Chavez. Cela, encore une fois, est passé sous les radars médiatiques internationaux.

À l'inverse, cette élection a été de nouveau un constat d'échec cuisant pour l'opposition non-démocratique. Ils ont échoué à autoproclamer candidate leur *leader* du moment, ils ont échoué à remporter la majorité des suffrages, ils ont échoué à installer un climat de violence durable, ils ont échoué à faire se soulever les militaires, ils ont échoué à jouer du chantage international, ils ont échoué à mobiliser ailleurs que dans leurs quartiers et sur les réseaux sociaux. Ils ont échoué depuis le début de la révolution à retourner les masses populaires vénézuéliennes contre celle-ci. Et ceci pour une raison très simple : ils haïssent les pauvres du Venezuela qu'ils jugent responsables d'avoir attenter aux privilèges de leur caste depuis 1999. Même si l'on se considère éloigné de la réalité vénézuélienne, il suffisait simplement d'ouvrir les yeux sur les réseaux sociaux pour s'en rendre compte ! *Make Maduro a bus driver again* (Faites de Maduro un chauffeur de bus à nouveau, reprenant la formule trumpiste), tel était le slogan plein de mépris de classe de l'opposition d'extrême droite, que même une partie de la gauche internationale a encensé !

En particulier en tant que Français, je m'interroge sérieusement. Comment se fait-il que dans mon pays, un communiqué commun[157] puisse être signé par pratiquement tout le spectre politique à gauche, de la gauche social-démocrate à l'extrême-gauche, reprenant les couleuvres de l'extrême droite vénézuélienne ? Un communiqué de « solidarité avec les revendications démocratiques du peuple vénézuélien », parlant de « répression implacable » et de « travail forcé », rejetant « toutes les prétentions et actions impérialistes au Venezuela ». Vous qui avez lu ce livre…mais de quoi parlent-ils ?! *À nous la démocratie*, *Arguments pour la lutte sociale* (Alputsoc), *Ensemble*, *Les écologistes* (EELV), *Gauche démocratique et sociale* (GDS), *Gauche écologiste* (GES), *Gauche républicaine et socialiste* (GRS), *Génération·s*, *Nouveau parti anticapitaliste* (NPA), *Parti socialiste* (PS), *Pour une écologie populaire et sociale* (Peps), *Rejoignons-nous*, *Réseau Bastille*. Tous ont signé !

En France, il n'y a que *La France insoumise* et son leader Jean-Luc Mélenchon, ex-candidat présidentiel, pour ne pas signer ce genre d'ineptie, et pour qui « le Venezuela bolivarien est une source d'inspiration »[158]. En France, à gauche, le 31 janvier 2019 par exemple, pendant que le leader insoumis dénonce un vote « écœurant » du Parlement européen « reconnaissant le putschiste président du Venezuela »[159], le leader de

[157] *DNA*. (2024, 9 août). *Plusieurs partis de la gauche française appellent à un audit du vote.*

[158] Mélenchon, J. L. (2013, 19 avril). *Publication sur X.*

[159] Mélenchon, J. L. (2019, 31 janvier). *Publication sur X.*

l'historique Parti communiste français (PCF) Fabien Roussel était lui occupé à tweeter sa demande de « libération de tous les journalistes arrêtés au Venezuela »[160]. Voilà l'état de la gauche dans mon pays ! Moins internationaliste que l'extrême droite ! Même pas capable de considérer ses frères vénézuéliens comme des « camarades ». L'ironie de toutes ces attitudes, c'est que ce sont au final les seuls qui n'ont jamais lâché le Venezuela qui sont aujourd'hui électoralement largement devant à gauche en France. Comme quoi, la cohérence et le soutien aux « camarades », cela paye plus électoralement que la couardise et la lâcheté. *El que se mete con Venezuela se seca.*

On l'a vu dans ce livre, seulement à travers l'exemple de cette élection, à quel point le récit des événements peut être tronqué, déformé, piétiné. Et pourtant, il ne faut souvent que quelques clics ou quelques rudiments d'espagnol pour faire éclater des vérités. D'ailleurs, pour la rédaction de cet ouvrage, les sources utilisées sont dans leur intégralité disponibles en ligne, tout comme la majorité sont issues de sources publiques de l'opposition et de la presse nationale et internationale complice. C'est dire qu'il n'est pas si difficile de s'informer sur le Venezuela !

En revanche, la grille de lecture des événements qui nous est imposée empêche toute compréhension distincte de la réalité vénézuélienne. Là est le danger du récit de la dictature et d'y tomber dedans. Parce qu'un mensonge fonctionne autant si on l'avale dans son intégralité que si l'on en retient que 10%. Par exemple, lorsque l'on vous affirme qu'il y a au Venezuela une « tyrannie absolutiste »[161] et que, trouvant l'expression exagérée, vous y voyez quand même une part de vérité en pensant qu'il y aurait au moins un « régime autoritaire » ; le mensonge a bel et bien fonctionné. Aussi bien dans la tête de celui qui pense « tyrannie » que dans celle de celui qui pense « autoritarisme ». Au fond, dans le cas du Venezuela, le récit de la dictature emprunte au complotisme sa matrice fondamentale. Parce que peu importe

---

[160] Roussel, F. (2019, 31 janvier). *Publication sur X.*

[161] L'Express. (2019, 10 février). *Venezuela : Carmona, qui a ébranlé le chavisme, condamne la "tyrannie" de Maduro.*

que vous répondiez aux attaques par des arguments étayés et documentés, le mot « dictature » jettera systématiquement la suspicion ou l'opprobre sur le bienfondé de ces arguments ; parce qu'il implique que la dictature soit partout, derrière chaque action qui se passe au Venezuela.

Alors, c'est une démocratie ? C'est peut-être la question que l'on se pose, interloqué, après avoir pris connaissance de ce qui s'est réellement passé lors des dernières élections présidentielles, et plus largement dans l'histoire récente du Venezuela. Et c'est sur cette question que je souhaiterai clore cet ouvrage.

Que penser du Venezuela et de ce qui s'y est passé ? À la lumière du récit établi dans ce livre, on peut considérer que la volonté du peuple vénézuélien a été respectée dans le scrutin du 28 juillet 2024, et ce ne sont certainement pas les « standards démocratiques » occidentaux qui viendront contredire cela. D'ailleurs de quels « standards » parle-t-on ? Les standards de l'Europe, dont le modèle « démocratique » fait progresser le néofascisme sur tout le continent, permettant l'arrivée au pouvoir direct de l'extrême droite en Italie, en Hongrie et en Pologne, ou dans des coalitions gouvernementales aux Pays-Bas, en Finlande et en Slovaquie ? Les standards de la France, dont la « démocratie » permet à 9 milliardaires de posséder 90% des médias et à un président de nier les résultats des élections, comme Macron l'a fait après la victoire du *Nouveau Front Populaire* aux élections législatives ? Et que dire des standards des États-Unis d'Amérique, où l'accès à la « démocratie » est conditionné au niveau de richesse de chaque candidat, où le « débat » se résume à un faux affrontement entre deux seuls partis, où il n'y aucun désaccord de fond sur l'économie, seulement des mensonges et invectives balancés dans l'espace public ?

En réalité, au risque de choquer, l'on peut tout aussi bien affirmer que le Venezuela aurait pu se passer d'élections. Si le pays subit une grande partie des aspects d'une guerre, y compris ses composantes militaires, pourquoi s'entête-t-il encore à organiser des élections ? Je provoque, à dessein. Après tout, nous pourrions là aussi nous référer aux « standards » internationaux. En Ukraine, moins d'un mois après l'intervention militaire russe, onze partis politiques d'opposition (de gauche pour la plupart) ont été interdits, et les élections législatives d'octobre 2023 et présidentielles de mars 2024 ont été annulées. Cela sans parler de la situation du Parti communiste ukrainien, interdit déjà depuis 2015 lui. « En temps de guerre, quand les défis sont nombreux, il est totalement irresponsable de se lancer de manière si frivole dans des débats liés à une élection », justifiait alors le président Volodymyr Zelensky, en novembre 2023[162]. Peut-être Maduro devrait-il annuler les élections et interdire les partis d'opposition jusqu'à ce que la guerre hybride que lui mènent les États-Unis prenne fin ? Ainsi en France, comme Zelensky, il serait qualifié de « héros du monde libre » par *Le Figaro*[163] (quotidien de droite), d'« homme de la situation » par *Libération*[164] (quotidien de « gauche ») ou de « héros de la liberté » par *Le Point*[165] (hebdomadaire d'extrême droite). Et non pas de « dictateur » comme l'affirme *Le JDD*[166] (hebdomadaire d'extrême droite), qui « recourt à des actions répressives pour maintenir au pouvoir son groupe dirigeant », comme on peut le lire dans *Le Monde Diplomatique*[167] (mensuel respecté de gauche).

Il ne s'agit pas non plus de dire : « soyez contents avec ce que vous avez car cela pourrait être bien pire ». Non. Le Venezuela nous invite à une profonde réflexion sur ce que sont devenus les « démocraties » au XXIe siècle ; il nous invite y compris à penser la fin de la démocratie libérale, que l'on appelle aussi démocratie bourgeoise, en cela qu'elle protège davantage les intérêts des oligarchies que l'intérêt général de chacun de nos peuples. Écoutons ce que

162 L'Indépendant. (2023, 7 novembre). *Guerre en Ukraine : pourquoi Volodymyr Zelensky a décidé d'annuler les élections ?.*

163 Lasserre, I. (2023, 23 février). *Volodymyr Zelensky, cet humoriste devenu en un an le héros du monde libre.* Le Figaro.

164 Macé, C., Mathieu, L., & Siohan, S. (2022, 21 mars). *Volodymyr Zelensky, l'homme de la situation.* Libération.

165 Nexon, M. (2022, 1er mars). *Volodymyr Zelensky, héros de la liberté.* Le Point.

166 Freland, F.-X. (2025, 11 janvier). *Venezuela : l'opposition impuissante face à la dictature de Nicolás Maduro.* Le JDD.

167 Ventura, C. (2024, octobre). *Au Venezuela, une crise sans fin.* Le Monde diplomatiquc.

les Vénézuéliens nous invitent à repenser de nos sociétés et de leur mode de fonctionnement démocratique.

> Nous devrions penser réellement à construire un nouveau modèle de société, un nouveau modèle politico-électoral et à dépasser les vieilles méthodes de la politique politicienne, du mensonge, de la démagogie, de la manipulation électorale ; et que ce soient les gens du commun, les humbles, les ordinaires qui fassent leur campagne et accèdent aux hautes fonctions de la République.
>
> La bourgeoisie nous a imposé une méthode dans le monde : la fausse démocratie libérale. [...] Les processus électoraux bourgeois sont tous une farce, dans laquelle au final celui qui s'impose est celui qui ment le mieux, celui qui trompe le mieux, celui qui offre l'impossible, celui qui manipule les sondages, le big data, l'intelligence artificielle, celui qui manipule sur les réseaux sociaux. Pas celui qui est le plus honnête, le plus capable. [...] L'heure est venue, camarades de l'Assemblée nationale, de légiférer et d'en finir avec le mensonge comme moyen de faire de la politique. Là où apparaissent des candidats qui promettent, mentent, manipulent, sèment la haine et la violence (comme lors de la dernière campagne), cherchent à installer une guerre civile au Venezuela ; cela n'est plus possible. [...]
>
> Il nous faut construire une République qui soit pour le peuple, par le peuple, avec le peuple comme protagoniste. La bourgeoisie a toujours dit que c'était impossible, qu'il fallait construire une démocratie des partis. Bienvenus soient les partis bien sûr, comme forme politique d'expression de doctrine et d'idéologie, de force transformatrice, de force constructive. Mais la démocratie réelle est celle des citoyens et citoyennes, de l'homme et de la femme ordinaire. La vraie démocratie, ce n'est pas cette farce que l'on a vu en Occident et qui s'est imposée pendant plus de 100 ans. [...] Nous allons construire une démocratie radicale, profonde, directe, populaire, véritable ; une démocratie humaniste qui revendique l'être humain.[168]

---

[168] Bracci Roa, L. (2024, 20 décembre). *Maduro sobre la democracia burguesa y liberal; pide construir un nuevo sistema político* [Vidéo]. YouTube.

Au regard des chemins pris par la plupart des « démocraties » occidentales, qu'elles soient européennes ou nord-américaines, ces paroles prononcées par le président vénézuélien le 20 décembre 2024 ont un écho particulier. Après s'être débarrassé des balivernes médiatiques internationales sur le Venezuela, au moins pouvons-nous avoir le mérite de les écouter, de s'y intéresser. D'autant plus que ce discours est prononcé peu après la tenue le 15 décembre de la première élection au suffrage universel de 15.000 juges de paix communale à travers le pays. Ces juges, formés après leur élection par la Justice, seront les médiateurs dans les affaires qui ne méritent pas l'intervention des juges ordinaires, comme les conflits familiaux, de voisinage ou les situations de moindre importance. C'est un exemple parmi tant d'autres de mécanismes nouveaux qui sont expérimentés par la révolution bolivarienne depuis ses débuts, notamment au niveau de la commune, dans le cadre de la construction d'un système démocratique alternatif à la démocratie libérale.

Le Venezuela nous exige qu'on le respecte dans sa souveraineté, son indépendance et sa vérité ; mais aussi que l'on s'intéresse aux changements qu'il propose. Comment se dire « de gauche » par exemple, et ne pas manifester d'intérêt pour ce pays autre que celui des diatribes médiatiques dominantes ? Là où les sociétés européennes et nord-américaines s'enfoncent dans leur décadence démocratique, ne regardant que leur nombril, peut-être trouveraient-elles des solutions positives à leurs limites démocratiques à travers l'exemple vénézuélien. Bien sûr critiquable, bien sûr dépassable, mais faîtes la liste de ceux qui construisent actuellement ces modèles alternatifs de démocratie à travers le monde ! Sur les huit milliards d'êtres humains qui peuplent notre planète, combien vivent sous des régimes politiques de gauche, proposant une alternative au néolibéralisme ? Le Venezuela est une perle très rare de ce point de vue.

Au-delà du pétrole, au-delà des considérations géostratégiques, c'est pour cela que les États-Unis et leurs alliés mettent autant d'énergie à faire échouer le Venezuela. Faire « chuter le dictateur » plutôt que de gagner une élection, c'est faire tomber une des seules expériences actuellement existante dans le monde, proposant un modèle alternatif d'organisation sociale, économique et politique de la société. Un modèle radical qui doit échouer, pour ne pas en inspirer d'autres. Telle est peut-être la seule victoire, pour le moment, des ennemis du Venezuela sur les esprits des gauches et des peuples à travers le monde, qui ont cessé en grande partie de voir le Venezuela comme une source d'inspiration.

Dans cette guerre hybride qu'il subit, le Venezuela nous impose de résister et d'apprendre de lui. Parce que si l'on cède sur le Venezuela, on peut céder sur tout le reste. Et le reste, c'est déjà très peu.

# CHAPITRE EXTRA

## LE VENEZUELA COMME ARME POLITIQUE UNIVERSELLE. BRÈVE ÉTUDE DU CAS FRANÇAIS

### *L'irruption du Venezuela en France lors des élections présidentielles de 2017*

Peut-on démontrer, en mettant à contribution la froideur des chiffres, le parti pris médiatique pour le récit fantasmé de la « dictature vénézuélienne » dans la presse dîtes occidentale ? Presque deux centaines d'articles de presse ont été cités dans le texte ou dans les sources de ce livre, dans leur grande majorité adhérant au récit de la « dictature » ou du « régime autoritaire », de la presse états-unienne à la presse britannique, en passant par la presse française, allemande, espagnole ou encore italienne. Au fond, est-ce que ce livre est le résultat de choix arbitraires d'articles choisis à dessein par son auteur, ou est-ce qu'il s'appuie sur des faits vérifiables empiriquement dont on s'apprête à faire la démonstration dans ce chapitre additionnel ? Je penche pour la deuxième option !

Ce chapitre est une digression sans l'être véritablement. Une digression en ce sens qu'il ne traite pas directement du sujet abordé par ce livre, bien qu'il en esquisse la réflexion. Une fausse digression en cela qu'il vient appuyer, statistiques en main, la critique qui sous-tend l'argumentaire déployé dans le livre, à savoir celle dirigée contre le système médiatique « occidental » dans son traitement de l'information et de l'actualité vénézuélienne. Fausse digression également car l'on va traiter ici d'une « petite » histoire franco-vénézuélienne, mais dont la portée et les échos dépassent en réalité largement les frontières de la France et du Venezuela. La petite histoire qui nous en dit davantage sur la grande, celle d'une stratégie globale visant à utiliser l'exemple bolivarien afin de mettre à bas un certain nombre de mouvements politiques qui ont osé s'en inspirer publiquement.

Cette histoire perdure de nos jours.

## Et la France sera bolivarienne !

Nous sommes le 30 novembre 2017 sur France 2[169], la première chaîne du service public audiovisuel français, deuxième chaîne de télévision du pays. Ce soir-là, un programme politique très suivi reçoit sur son plateau le nouveau *leader* de la gauche française, Jean-Luc Mélenchon, qui avait obtenu 20% des suffrages lors de l'élection présidentielle ayant eu lieu quelques mois plus tôt. C'était alors la première fois qu'un candidat de la gauche radicale arrivait aux portes du second tour dans l'histoire récente de la France, tout en réduisant à peau de chagrin l'historique *Parti socialiste* français (PS), dont le virage libéral lui aura valu qu'un peu plus de 6% des suffrages à la même élection.

Presque une heure et demie d'émission est passée, lorsque l'animatrice décide de donner la parole à « deux françaises ». L'une d'elle est présentée comme « historienne » et « écrivaine », qui a « vécu au Venezuela », « interviewé Hugo Chavez en 1998 », et dont la famille de la mère « vit toujours au Venezuela ». Précision n'est pas faîte de son diplôme à HEC, son

[169] Jean-Luc Mélenchon. (2017, 1er décembre). *Jean-Luc Mélenchon à L'Émission politique le 30 novembre 2017* [Vidéo]. YouTube.

passage à *Wall Street* comme *trader*, ou encore de son vote « avec enthousiasme » pour Emmanuel Macron aux deux tours de l'élection présidentielle.

Evidemment, Jean-Luc Mélenchon n'est pas prévenu en amont de la présence de cette « française quelconque ». Lorsqu'il comprend donc que la séquence va être consacrée au Venezuela, il s'agace et interroge l'animatrice sur l'intérêt du sujet alors que le pays ne représente « que 0,2% du commerce extérieur de la France ». *Et bien on a choisi le Venezuela*, répond sèchement l'animatrice ; traduisez : on fait ce qu'on veut, vous pouvez donc vous taire. En réalité, tous les acteurs de la scène savent très bien quel rôle ils jouent dans un scénario mis en place depuis des mois. Vous allez voir.

La « française » écrivaine entame donc un « dialogue » avec l'ex-candidat présidentiel, lui reprochant d'avoir dit du Venezuela qu'il était une « source d'inspiration » pour lui (oui il l'a dit), alors que le pays est selon elle « une souffrance au quotidien », notamment car on n'y trouve pas de quoi vivre convenablement, et en particulier le fameux « papier toilette ». Évidemment, le but de la manœuvre est de faire céder Jean-Luc Mélenchon sur le sujet du Venezuela, en espérant de lui qu'il se repente et accuse Nicolas Maduro au moins de mauvaise gestion, si ce n'est plus.

C'est mal connaître le personnage. Il n'a rien cédé, critiquant des « éléments de langage continuellement resservis partout », et justifiant son soutien à Hugo Chavez « parce que pour la première fois, un grand pays pétrolier partageait la rente pétrolière au lieu de se l'approprier individuellement comme c'est le cas dans les pétromonarchies ». Pire que ça ! Il s'en prend à l'opposition vénézuélienne et la qualifie de « barbare », tout en rappelant le rôle joué par les États-Unis qui « organisent des coups d'État » et un « blocage économique ». Cela fait sortir de ses gonds la « française » qui d'un coup de parole magique, est transformée en « vénézuélienne » par l'animatrice, qui insiste sur ce point alors que l'intéressée vit vraisemblablement entre Paris et Madrid, peu importe ce qu'en disent ses nationalités.

La « française » devenue « vénézuélienne » coupe donc la parole à plusieurs reprises pour dire que l'opposition n'est pas barbare mais « social-démocrate », que « les coups d'États c'était il y a cinquante ans » et qu'elle est elle-même interdite d'aller au Venezuela. Vous qui avez lu ce livre, vos dents grincent probablement. Surtout qu'on la retrouve un an plus tard à Caracas, en 2019, où elle présente son dernier livre en espagnol (encore disponible dans les librairies vénézuéliennes aujourd'hui) et tourne un documentaire à charge contre la « dictature ». À cette occasion, elle rencontre et suit d'ailleurs Juan Guaido, alors déjà putschiste et autoproclamé président. Récemment, en décembre 2024, elle mène deux interviews élogieuses avec une certaine Maria Corina Machado, pour *Paris Match* et *The Objective*. La « social-démocratie » dans toute sa splendeur, donc.

Ce soir-là, 2,05 millions de Français auront assisté à ce spectacle. 1,3 million ont regardé par la suite la rediffusion sur la chaîne YouTube de Jean-Luc Mélenchon, et sans doute encore quelques centaines de milliers (au minimum) les extraits diffusés sur les différents réseaux sociaux. Peux sont ceux qui avaient alors pris la mesure de la supercherie qui s'était jouée pendant ces 12 minutes d'une émission qui en durait 132. Évidemment, dans la foulée de la diffusion, la presse française ne retient essentiellement que ces 12 minutes avec un Mélenchon qui « s'énerve contre une invitée qui lui parle du Venezuela » (*L'Opinion*, décembre 2017), un sujet qui le « fait bondir » (*Capital*, décembre 2017).

Si je vous raconte cela, à titre d'anecdote et de souvenir grinçant (notamment pour qui l'a vécu en direct), c'est parce que cette séquence n'avait alors rien d'une exception. Durant cette année 2017, le spectre du Venezuela s'est abattu sur la France, et toutes les puissances médiatiques du pays se sont mises à traquer ce spectre. Le Français moyen a découvert un pays qu'il ne connaissait globalement pas, même pas pour son pétrole, encore moins pour sa culture, nullement pour son histoire. Le Venezuela n'était pas un sujet, sauf pour une certaine gauche qui s'y intéressait, parfois s'en inspirait, en tout cas peinée par la situation difficile que connaissait alors le pays.

Comment donc le Venezuela est-il devenu soudainement un sujet en France, et pourquoi ? Prenons les sept journaux quotidiens les plus diffusés nationalement, tant en 2017 qu'aujourd'hui (le classement n'ayant pratiquement pas changé), et analysons[170] le nombre et la qualité de l'ensemble des articles traitant du sujet qui nous intéresse.

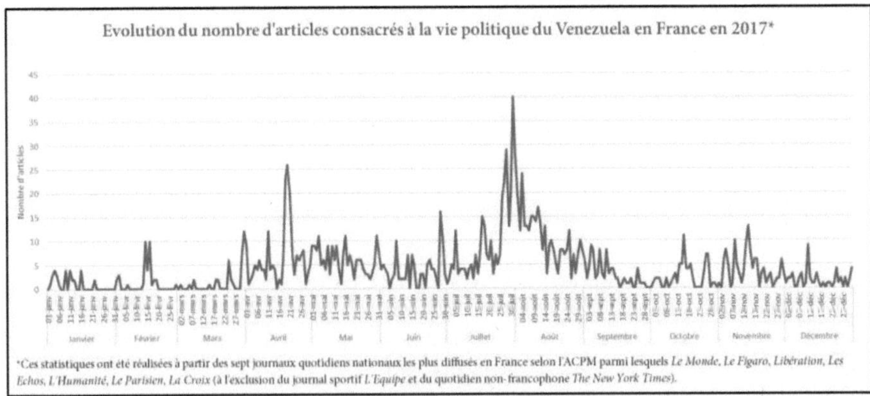


Figure 1

Au mois de janvier 2017, pas plus de 30 articles faisant échos à la vie politique vénézuélienne étaient publiés par ces journaux. Pas bien plus le mois suivant, en février (37 articles), ni même en mars (37 également). En revanche, par la suite, les chiffres grimpent en flèche. Pour le seul mois d'avril, 191 articles sont consacrés au Venezuela. 187 au mois de mai, 114 au mois de juin, 285 au mois de juillet. Le record va être battu en août, avec 335 articles consacrés à la vie politique du pays. Qu'a-t-il donc bien pu se passer ? Pourquoi le paysage médiatique français se prend de passion pour le Venezuela à partir d'avril 2017 ?

Peut-être s'agit-il des violences insurrectionnelles, qui se sont étendues d'avril à juillet, et qui ont fourni des images dont les journalistes et animateurs de plateau raffolent pour l'audimat, à savoir des photographies de flammes, d'explosions et de personnes ensanglantées ? En effet, si l'on

170 Lire la partie suivante pour davantage d'informations sur la méthodologie employée pour cette étude.

isole la période avril-juillet, on peut en additionner un total de 777 articles publiés, sur un total à l'année de plus de 1537 articles. La moitié, mais la justification ne se suffit pas à elle-même. Pour comprendre réellement ce qui s'est passé, il faut ajouter une deuxième courbe à notre graphique.

Figure 2

Sur la même période, si l'on y superpose le nombre d'articles faisant le lien entre Jean-Luc Mélenchon et sa famille politique avec le Venezuela, on se rend compte d'une corrélation flagrante avec l'inflation du sujet « Venezuela » dans les articles de presse en France, à l'approche des élections présidentielles du 23 avril. Les 12 jours précédant le premier tour sont frappants par l'intensité de l'offensive médiatique visant à associer Jean-Luc Mélenchon aux événements vénézuéliens. On lui reproche évidemment son soutien à la révolution bolivarienne, mais aussi d'avoir inclus dans son programme l'adhésion de la France à l'ALBA, l'alliance bolivarienne cofondée par Chavez qui – à l'époque en tout cas – jouait un rôle important dans l'intégration latinoaméricaine (la France étant aussi un pays latinoaméricain). La polémique est déclenchée le 10 avril au soir sur un plateau de télévision, à la faveur d'un journaliste qui a (enfin) lu le programme du candidat et questionne un de ses porte-paroles sur ce point précis.

Alors que depuis le mois de janvier, aucun article d'aucun de ces journaux n'avait été publié pour associer Mélenchon au Venezuela, une trentaine de publications font leur apparition dès le 11 avril et dans les 12 derniers jours de la campagne, sans compter un pic simultané et significatif d'articles consacrés plus généralement à l'actualité politique vénézuélienne. 40 articles sur le Venezuela entre le 1er et le 10 avril, 114 entre le 11 et le 21 avril, date de fin de la campagne officielle. D'ailleurs, dès le 21 avril et après la non-accession du candidat de gauche au second tour, pour ces sept journaux en tout cas, il n'y aura quasiment plus d'articles associant Mélenchon au Venezuela avant des mois, à la faveur de relances ponctuelles de la « polémique ».

Pourquoi cette avalanche médiatique s'est-elle déclenchée à moins de deux semaines du premier tour ? Le Venezuela a sans aucun doute constitué une bouée de sauvetage d'urgence pour les candidats qui pensaient encore au mois de mars que leur passage au second tour était assuré, en tout cas dans une bataille entre extrême droite, extrême centre et droite. Sans la gauche, et encore moins la gauche radicale. Seulement, dans la dernière ligne droite, les sondages ont commencé à devenir inquiétants pour eux.

Alors que le candidat Mélenchon avait commencé sa campagne à 9% d'intentions de vote (*Ispos-Sopra Steria*, janvier 2016), loin d'un possible second tour, et qu'il ne dépassait pas les 13% au mois de mars (*Ifop-Fiducial*, mars 2017), il fait une percée spectaculaire dans les premières semaines d'avril, avec des sondages le donnant pour la première fois à 19% le 8 avril (*BVA*, avril 2017) puis 20% le 15 avril (*BVA*, avril 2025). Autrement dit, c'est bien lorsque Jean-Luc Mélenchon s'est retrouvé aux portes du second tour de l'élection présidentielle, que la carte « Venezuela » a été sortie par ses adversaires. Et ses adversaires, dans ce moment précis, ne s'appelaient plus ni Macron, ni Le Pen, ni Fillon. Ils s'appelaient *Le Monde*, *Libération*, *Le Figaro*, *Le Parisien* et tant d'autres mastodontes de la presse française, tant écrite qu'audiovisuelle et radiophonique.

Et le Venezuela a été à la mode dans la presse française bien au-delà de l'élection présidentielle d'avril. Après le scrutin, la couverture médiatique ne désemplie pas, et les attaques contre tout ce qui est associé à l'ex-candidat présidentiel se poursuivent. Dans la même année, le pic le plus haut est atteint avec l'élection de l'Assemblée constituante, le 30 juillet. Sans doute parce que l'opposition n'y participe pas et dénonce une tentative chaviste de s'arroger les pouvoirs du parlement. Pour les médias, c'est du pain béni dans le sens du récit dictatorial. D'ailleurs, le Venezuela va tout de suite après beaucoup moins intéresser lorsqu'auront lieu les élections régionales d'octobre et municipales de décembre, dans lesquelles l'opposition s'investit, participe et...perd massivement dans tout le pays. Là, ça ne collait plus avec l'image de « dictature ». Pour la presse en France, le Venezuela sert donc essentiellement pour la politique intérieure française ou pour suivre les orientations du Département d'État.

L'année suivante, en 2018, il y avait trois élections présidentielles majeures en Amérique latine. L'élection mexicaine, qui a vu la victoire d'Andrés Manuel Lopez Obrador, premier président de gauche depuis les années 1930. L'élection colombienne, dans laquelle le futur président Petro frôlait déjà la victoire, en tant que premier président de gauche de l'histoire du pays. Et enfin l'élection vénézuélienne, à laquelle une partie de l'opposition (toujours la même) n'a pas souhaité participer. Devinez quel pays a fait l'objet de la plus importante couverture médiatique ? Le Venezuela, évidemment.

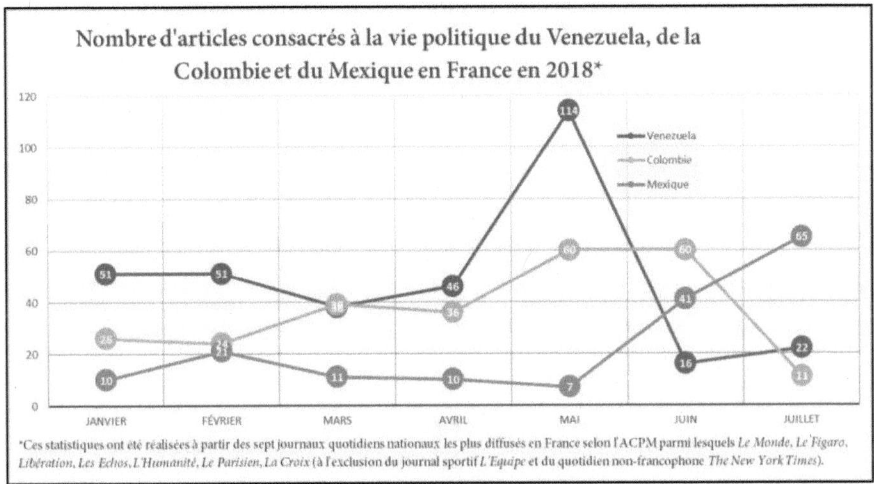


Figure 3

Et si le décompte des articles est accablant, leur appréciation l'est d'autant plus.

Après tout, compter les articles ne nous dit rien de leur contenu. Et en France, le Conseil constitutionnel reconnaît depuis 1984[171] que « le pluralisme des quotidiens d'information politique et générale [...] est en lui-même un objectif de valeur constitutionnelle ». Parmi les sept journaux quotidiens qui ont constitué la base de cette étude, nous devrions donc retrouver des opinions très « diverses » sur le Venezuela. Pour en avoir le cœur net, analysons les articles publiés entre le 1er janvier et le 1er juillet de l'année 2018, en période électorale présidentielle latinoaméricaine, et classons-les du plus positif au plus négatif[172] à l'égard du gouvernement du Venezuela et/ou du chavisme en général.

171 *Décision n° 84-181 DC du 10 octobre 1984*. Conseil constitutionnel.

172 Se référer aux critères établis dans la méthodologie.

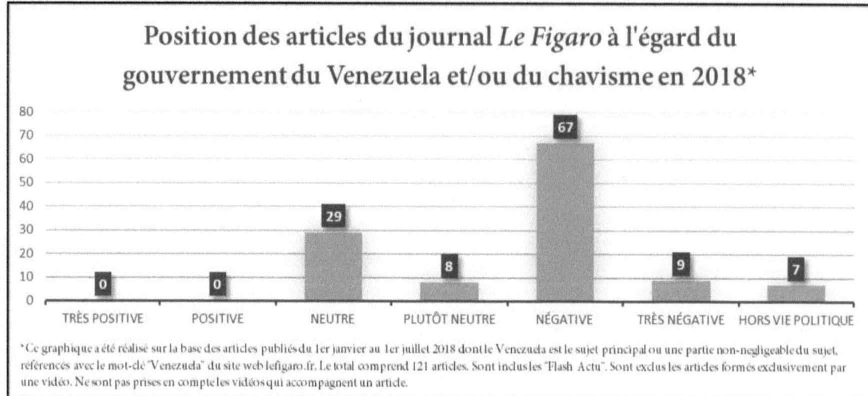


Figure 4

Si l'on commence par *Le Figaro*, journal honnête puisqu'il assume être de droite, propriété du groupe militaro-industriel *Dassault*, on ne s'étonne pas de voir une majorité d'articles négatifs. Après tout, c'est bien dans leur droit. On relève quand même que près de 30% des articles analysés étaient neutres ou plutôt neutres ce qui, vous allez le voir, est loin d'être la règle.

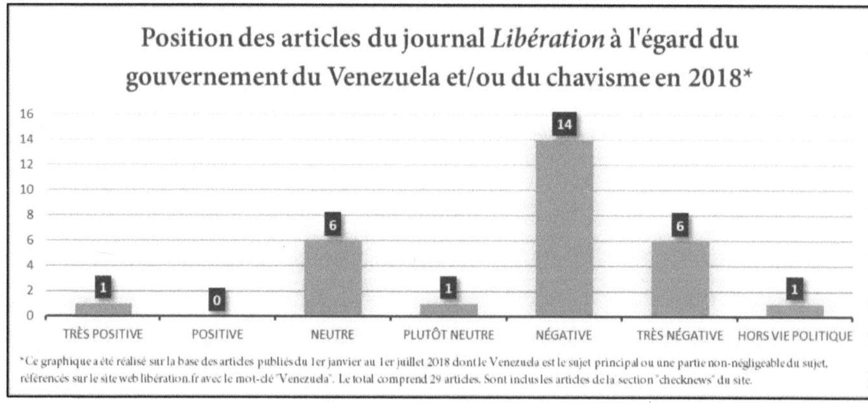


Figure 5

Après un quotidien qui s'assume de droite, peut-être trouverions-nous des avis plus positifs dans un journal qui se revendique de gauche ? Comme *Libération*, fondé par Jean-Paul Sartre, mais propriété en 2018…du groupe *Altice*, multinationale des télécommunications et des médias dirigée par le milliardaire français Patrick Drahi. Et bien pour ce qui concerne le Venezuela, c'est pire que *Le Figaro*. La part des articles classés comme « très négatifs » est bien plus importante. Au moins sur le Venezuela, *Libération* est donc « de gauche » à la manière d'un Manuel Valls : de droite.

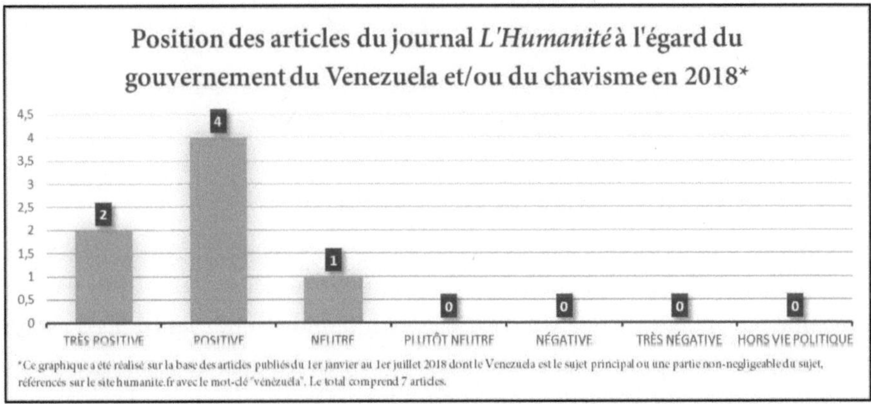


Figure 6

Il faut aller vers le seul quotidien à la ligne éditoriale clairement à gauche pour trouver des articles plus positifs à l'égard du chavisme. *L'Humanité*, journal fondé par Jean Jaurès qui a longtemps été la voix du *Parti communiste français*, est à ce moment-là le seul quotidien parmi les plus lus à publier des articles positifs ou très positifs sur le gouvernement. Le nombre d'articles recensés et analysés est cependant faible (sept sur la période), comparé aux 121 articles du *Figaro* par exemple.

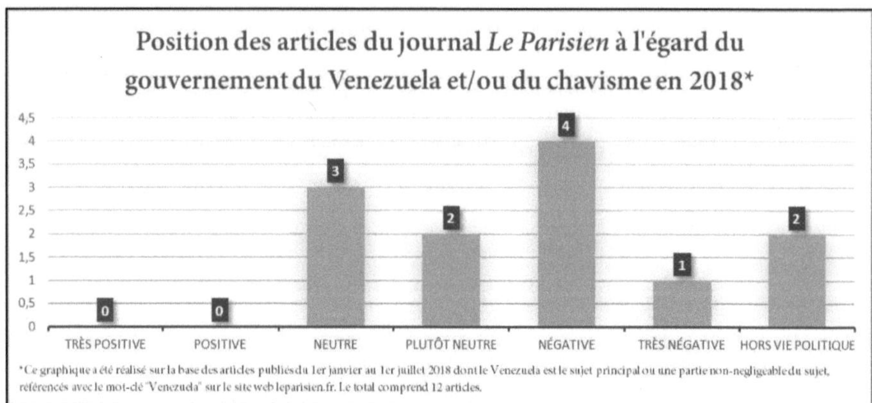


Figure 7

Du côté du *Parisien*, l'ensemble est de nouveau négatif ou plutôt neutre, avec une part plus significative d'articles évoquant le Venezuela dans d'autres aspects que sa vie politique. On ne pouvait cependant pas espérer davantage d'un quotidien propriété du groupe LVMH, multinationale du luxe dirigée par Bernard Arnault, milliardaire français qui se dispute la place de première fortune mondiale avec Elon Musk.

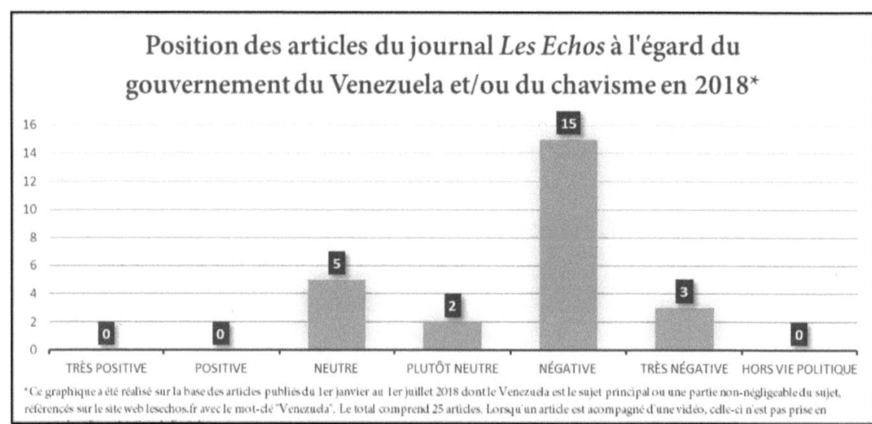


Figure 8

Pour ce qui est des *Echos*, on retombe dans des articles à forte majorité négative. Dans sa « Charte éthique »[173], le journal réussit pourtant la prouesse d'affirmer dans la même phrase être le tenant d'une « tradition libérale et non-partisane » tout en « [demeurant] favorable à l'économie de marché ». Une ligne « non-partisane » qui se fait d'autant plus ressentir que le propriétaire du journal n'est autre que…le groupe LVMH, du milliardaire Bernard Arnault. Avec *Les Echos*, on sait en tout cas où se situent les tenants du « marché » au Venezuela.

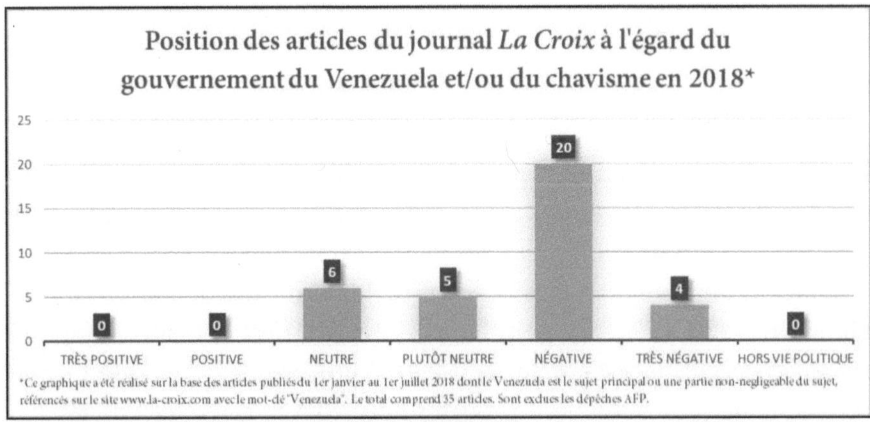


Figure 9

« À *La Croix*, l'analyse prime toujours sur le sensationnalisme. Loin de la course aux gros titres, nous prenons le temps de poser notre plume, pour peser nos mots ». Vous l'aurez compris, les mots sont pesés chez *La Croix*, ce qui n'empêche pas le journal de ne laisser aucun doute sur le Venezuela et ce qui s'y passe. 57% des articles y sont négatifs pour Maduro. « L'analyse » attendra.

---

173 Les Echos. *Charte éthique des Échos.* [Site web]

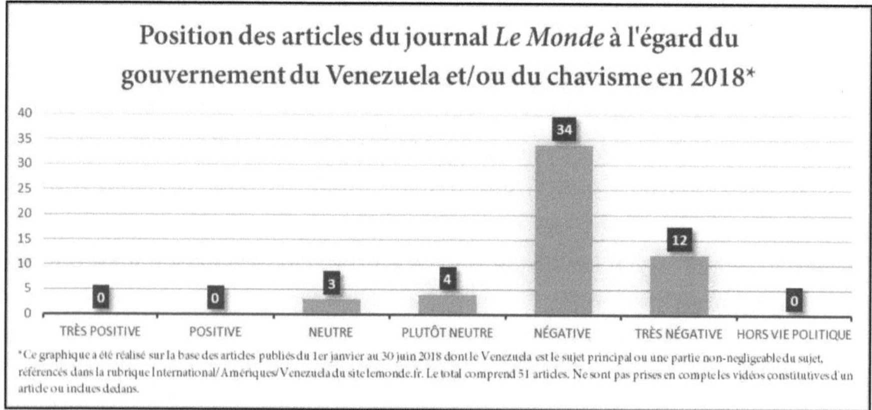


Figure 10

J'avais enfin espoir (c'est faux) que *Le Monde*, quotidien le plus lu en France, relève le niveau et se positionne comme le journal « de référence » que l'on dit de lui. Après tout, lui est allé encore plus loin dans sa « Charte d'éthique et de déontologie »[174]. Ses journalistes « doivent porter un regard critique sur l'information et faire écho au pluralisme des opinions ». Et quel pluralisme ! Lire *Le Monde* pour faire cette étude, c'est se rendre compte de la haine viscérale qui est portée par la ligne éditoriale du journal à tout ce qui ressemble de près ou de loin à Maduro ou Chavez. 64% des articles sont négatifs, 23% sont très négatifs. Les quelques pourcents restant sont à peine neutres. Vive le pluralisme des opinions et le regard critique !

Alors même que la méthodologie employée pour établir ce classement est plutôt souple (certains articles classés « neutres » pourraient être reclassés en négatif en changeant certains critères retenus)[175], on peut donc se rendre compte ou simplement constater le parti pris évident de la presse française contre le Venezuela et ses dirigeants. Voyez les totaux !

---

[174] Le Monde. (2010, 3 novembre). *La charte d'éthique et de déontologie du groupe Le Monde.* [Site web]

[175] Lire la partie « Méthodologie ».

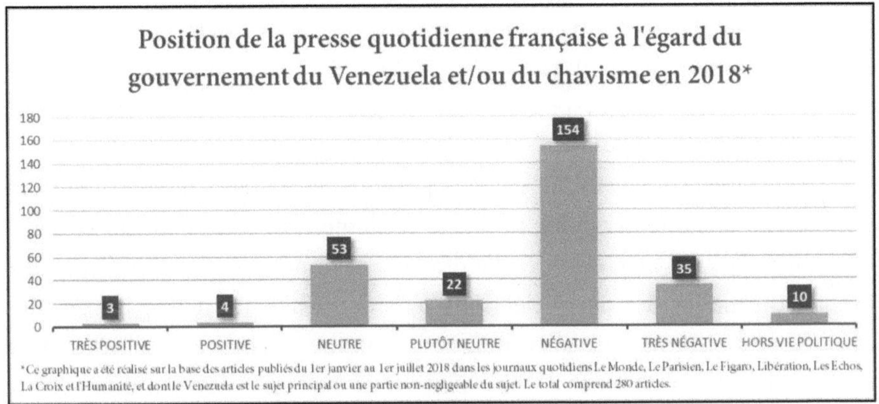


Figure 11

Je pense pouvoir affirmer sans trop de risques qu'une étude plus ample, élargie à l'ensemble du paysage médiatique, ou réalisée dans d'autres pays dudit « Occident », terminerait sur des conclusions statistiques très similaires aux nôtres.

Peut-on pour autant reprocher aux journalistes d'avoir une opinion ? Ce n'est pas la question ici. Ce que posent comme problème ces chiffres, c'est que la plupart de ces journaux qui se présentent ou se donnent l'apparence de la neutralité (*Le Monde*, *Le Parisien*, *Les Echos*) ont les mêmes analyses politiques sur le Venezuela que ceux qui disent avoir une opinion, qu'elle soit de droite (*Le Figaro*), de gauche (*Libération*) ou religieuse (*La Croix*) ; sauf de rares exceptions à gauche (*L'Humanité*). Le problème, c'est que ces éléments de langage repris en cadence et à l'unisson ne sont pas quelconques, sinon qu'ils sont ceux diffusés par un camp politique bien défini au Venezuela, celui d'une droite extrême et d'une extrême droite qui attentent à la souveraineté et l'indépendance de leur propre pays et de leur propre peuple. De cela, au moins, pouvons-nous nous indigner ?

Depuis 2017, encore aujourd'hui, le Venezuela est mobilisé de manière régulière pour attaquer la gauche mélenchoniste en France. Même quand Jean-Luc Mélenchon ne dit rien, comme lors des dernières élections présidentielles, on l'accuse de « silence coupable » (*Le Figaro*, août 2024) ou de « silence assourdissant » (*L'Opinion*, août 2024). Maduro est un

« dictateur qui fascine [Mélenchon] » (*L'Express*, août 2024), et le Venezuela est une « ruine mélenchoniste » (*Le Point*, juillet 2024). Si vous voulez de la hauteur d'esprit et de l'esprit critique, ce n'est donc définitivement pas la presse française qu'il faut lire.

Ces attaques sont presque devenues une banalité dans les interventions politiques, sans que personne ne sache réellement de quoi il en ressort. Car le Venezuela va mieux, de mieux en mieux, et donc à l'exception d'épisodes précis comme les dernières élections présidentielles, il est de plus en plus difficile pour les médias, sans images « choc », d'illustrer des articles et de rédiger des titres destinés à faire peur et à enfermer sémantiquement le Venezuela dans le récit de la dictature.

L'influence des événements vénézuéliens sur la politique française a donc été rendue extraordinairement considérable depuis 2017 et la campagne médiatique présidentielle. La France n'a évidemment pas été le seul pays à connaître ce phénomène. En Espagne, *Podemos* a été sévèrement (et peut-être fatalement) attaqué pour ces liens avec la Révolution bolivarienne. En Grande-Bretagne, c'est aussi un des coups fatales qu'avait reçu le candidat travailliste Jeremy Corbyn. Et évidemment dans toute l'Amérique latine, toutes les gauches radicales ont subi et continuent de subir ces attaques. Certaines ont fait le choix de céder au chantage en admettant publiquement l'hypothèse dictatorial ou autoritaire, et dans la plupart des cas, non seulement les attaques ont continué, mais en plus ces gauches ont fini par être dépassées ou ont tout simplement cessé d'être radicales. Même en termes électoraux, la cohérence semble toujours prévaloir sur l'inconsistance et la mollesse.

En France, la « dictature vénézuélienne » revient régulièrement dans les débats comme une attaque gratuite contre laquelle il est difficile de se défendre. Difficile étant donné le fossé gigantesque qui a été instauré entre les faits et les chimères, le réel et le fantasmé, la vérité et le conte de fées. Difficile, mais pas impossible. Il faut tenir bon. Tenir bon pour nous, tenir bon pour le Venezuela. En somme, tenir bon pour cette humanité qui demeure humaine.

## Méthodologie

Les graphiques présentés précédemment sont le fruit d'un travail de compilation et d'analyse de données disponibles en ligne. Cette partie vise à en expliquer brièvement les méthodes et leurs implications analytiques.

1. Sources des données

Tant dans sa partie quantitative que sa partie qualitative, cette étude repose uniquement sur les articles disponibles sur les sites internet des sept journaux quotidiens français suivants : *Le Figaro*, *Le Monde*, *Les Echos*, *Le Parisien*, *La Croix*, *Libération*, *L'Humanité*. Ces journaux car ils font partie de la presse quotidienne nationale payante la plus diffusée en France selon l'Alliance pour les chiffres de la presse et des médias (ACPM)[176], tant en 2018 qu'en 2024.

Dans son classement annuel, l'ACPM présente les chiffres des neuf titres les plus diffusés. Le quotidien *L'Équipe* en fait partie mais a été exclu de cette étude car il est un journal sportif. Le quotidien *The New York Times* en fait partie mais a lui aussi été exclu car il n'est pas un journal français ni francophone. *Le Parisien* figure dans notre étude car, bien qu'il soit diffusé sous ce nom uniquement dans les régions de l'Île-de-France et de l'Oise, il est aussi édité nationalement sous le titre *Aujourd'hui en France*.

Pour l'élaboration des diagrammes circulaires, les articles analysés ont tous une date de publication initiale comprise entre le 1er janvier 2018 et le 1er août 2018.

Pour l'élaboration des diagrammes linéaires, les articles comptabilisés ont tous une date de publication initiale comprise entre le 1er janvier 2017 et le 30 juin 2018. Certains graphiques ont parfois été réduits à une tranche précise de cette période.

---

[176] ACPM. *Presse Quotidienne Nationale.* [Site web]

Dans les deux cas, les articles publiés en ligne qui ont été choisis n'impliquent pas systématiquement leur publication dans l'édition papier de ces journaux. Néanmoins, nous en avons retenu l'ensemble (papier comme numérique) car les audiences de ces médias en ligne figurent (de même que leur diffusion papier) dans le haut du classement nationale. Toujours selon l'ACPM[177], les sites internet des sept quotidiens choisis figurent également dans les 100 marques numériques recevant le plus de visites (janvier 2025), avec les chiffres de visites et le classement suivants :

- *Le Figaro*, 4ème avec 212 117 385 visites.
- *Le Monde*, 6ème avec 195 990 595 visites.
- *Le Parisien-Aujourd'hui en France*, 13ème avec 95 943 265 visites.
- *Libération*, 27ème avec 33 580 989 visites.
- *Les Echos*, 28ème avec 33 009 247 visites.
- *L'Humanité*, 74ème avec 6 535 041 visites.
- *La Croix*, 82ème avec 4 881 297 visites.

Nous avons donc estimé le choix de ces journaux et de leur plateforme numérique comme un échantillon représentatif du paysage médiatique influant en France, bien qu'il n'inclut pas la zone d'influence considérable que représentent également la radio et la télévision par exemple.

2. Méthode de collecte des données

Les données collectées résultent d'un échantillonnage manuel, réalisés directement à partir des barres de recherche des sites internet suivant : https://www.lefigaro.fr/ pour *Le Figaro*, https://www.lesechos.fr/ pour *Les Echos*, https://www.leparisien.fr/ pour *Le Parisien-Aujourd'hui en France*, https://www.la-croix.com/ pour *La Croix*, https://www.liberation.fr/ pour *Libération*, https://www.humanite.fr/ pour *L'Humanité*. Le journal *Le Monde* fait office de seule exception à cette règle, dans la mesure où tous ses articles concernant le Venezuela était autoréférencés dans la rubrique *International/Amériques/Venezuela* de leur site https://www.lemonde.fr/.

[177] ACPM. *Classement des marques numériques.* [Site web]

Pour les articles consacrés à la vie politique du Venezuela, « Venezuela » est le mot-clé qui a été employé dans les barres de recherche respectives, à l'exception du *Monde* donc. « Mexique » a été le mot-clé pour les articles consacrés à la vie politique du Mexique, « Colombie » pour ceux consacrés à la vie politique de la Colombie. Les articles liant Jean-Luc Mélenchon, La France Insoumise ou la gauche française à la vie politique du Venezuela ont été choisis manuellement parmi les résultats des recherches avec le mot-clé « Venezuela ».

Dans le cas des diagrammes circulaires, la sélection des articles comprend ceux reprenant complètement ou partiellement des dépêches AFP, sauf dans le cas du journal *La Croix*, du fait du nombre important de reprises qui sont publiées en ligne sur leur site et du temps d'analyse supplémentaire que cela aurait impliqué. Nous supposons ici que leur exclusion n'a pas d'incidence sur l'appréciation globale de ces articles.

Toutes les données ont été collectées et centralisées dans un tableur, lequel a produit des diagrammes linéaires et circulaires. Ces mêmes données ont été transmises à l'éditeur pour faciliter l'édition, lequel peut avoir décider d'une ou plusieurs adaptation(s) esthétique(s) des graphiques pour convenir au format final retenu pour ce livre, sans attenter à la fidélité des données représentées.

3. Analyse des données

L'analyse de la qualité des articles a été réalisée après leur lecture soit directement sur les sites internet (pour les articles à accès libre), soit par l'intermédiaire de la plateforme *Europresse* (pour les articles à accès payant).

Pour les diagrammes linéaires, les articles ne traitant pas de la vie politique ont été exclus du comptage, ce qui n'est pas le cas pour les diagrammes circulaires.

Pour l'intégralité des diagrammes circulaires, c'est la position de ces articles à l'égard du gouvernement du Venezuela et/ou du chavisme en général qui a été analysée et classée en sept catégories, précisées ci-dessous avec leurs critères d'attribution.

<table>
<tr><td rowspan="2">Très positive</td><td>Article donnant une image très positive du gouvernement vénézuélien et/ou du chavisme</td></tr>
<tr><td>ET/OU entretien réalisé avec un membre du gouvernement ou du chavisme pro-gouvernemental (question/réponse avec les questions et les réponses retranscrites sans modifications ou ajouts majeurs)</td></tr>
<tr><td rowspan="2">Positive</td><td>Article donnant une image positive du gouvernement vénézuélien et/ou du chavisme</td></tr>
<tr><td>TOUT EN essayant d'apporter un regard critique par rapport à son action</td></tr>
<tr><td rowspan="2">Neutre</td><td>Article tentant de présenter les faits sans vision partisane</td></tr>
<tr><td>AVEC un équilibre dans la parole donnée ou relatée des partis en présence</td></tr>
<tr><td rowspan="4">Plutôt neutre</td><td>Article tentant de présenter les faits sans vision partisane</td></tr>
<tr><td>AVEC un équilibre dans la parole donnée ou relatée des partis en présence</td></tr>
<tr><td>MAIS relatant certains gros mensonges avérés de l'opposition sans les critiquer</td></tr>
<tr><td>ET/OU avec une/des photo(s) d'illustration en défaveur du gouvernement et/ou du chavisme</td></tr>
<tr><td rowspan="2">Négative</td><td>Article à charge contre le gouvernement et/ou le chavisme, c'est-à-dire donnant une image négative du gouvernement et/ou du chavisme</td></tr>
<tr><td>ET/OU ne donnant la parole qu'à l'opposition</td></tr>
<tr><td rowspan="2">Très négative</td><td>Article à charge contre le gouvernement et/ou le chavisme, c'est-à-dire donnant une image négative du gouvernement et/ou du chavisme</td></tr>
<tr><td>ET/OU ne donnant la parole qu'à l'opposition</td></tr>
</table>

| | |
|---|---|
| | ET/OU un entretien réalisé avec un membre de l'opposition (exclut les chavistes dit « critiques ») (question/réponse avec les questions et les réponses retranscrites sans modifications ou ajouts majeurs) |
| | ET promouvant explicitement des personnages ou formations politiques de l'opposition non-démocratique |
| Hors vie politique | Article traitant du Venezuela mais hors de sa vie politique (culture, biodiversité par exemple). Est considéré comme un article traitant du Venezuela un article où le Venezuela est le sujet principal ou une partie non-négligeable du sujet. |

4. Biais et limites de l'étude

Cette étude n'est évidemment pas exempte de biais potentiels ou de limites liés à la méthode de collecte des données et aux critères d'analyse retenus. Il semble que ceux-là n'affectent pas substantiellement les conclusions analytiques présentées dans la partie précédente, mais par rigueur intellectuelle, en voici une liste non-exhaustive réalisée au fur et à mesure de l'avancée de l'étude et à son terme. Les paragraphes qui vont suivre sont écrits de manière indépendante.

- Réaliser un classement « froid » entre articles positifs ou négatifs implique forcément une subjectivité que la grille de critères utilisée ne peut effacer, seulement réduire. Une analyse sémantique différente des articles aurait pu changer certains résultats. Exemple : Pour désigner Diosdado Cabello, *leader* du PSUV et actuel ministre de l'intérieur, la formule « numéro deux du pouvoir vénézuélien » est souvent employée dans ces journaux, ce qui peut revêtir une connotation négative en s'ajoutant à d'autres formulation du même type et à un contexte médiatique globalement négatif ; et pourtant cela n'a pas empêché les articles ayant seulement cette formulation et aucun des critères établis dans la grille d'être classés dans la catégorie « neutre ».

- Dans la catégorie « hors vie politique », un certain nombre d'articles font référence à des faits divers liés au crime ou à la violence dans le pays. S'il n'y a pas de référence directe à la situation politique ou aux gouvernants, l'image donnée du pays est quand même négative, ce qui peut être associé par le lecteur (dans le flot d'articles négatifs sur le gouvernement) à une mauvaise gestion et donc à une critique implicite du gouvernement. Ont été traités de la même manière les articles faisant par exemple seulement état d'une « économie à plat » (ce qui était alors bien le cas), et qui pouvaient donc produire le même effet. Tous ces articles ont été classés dans la catégorie « hors vie politique ».

- Dans le cas du travail mené sur le site du *Figaro*, de nombreux « flash actu » ont été pris en compte dans l'appréciation qualitative des articles, bien qu'ils s'apparentent davantage à des brèves qu'à de véritables articles de presse complets. Selon les critères établis, cela a donc participé à une certaine amplification du nombre d'articles jugés « neutres », au détriment d'articles semblent-ils plus négatifs dans leur ensemble. Une « neutralisation » du *Figaro* accentuée par un certain nombre d'articles dédiés à l'économie *stricto sensu*, comme ceux consacrés à la cryptomonnaie d'État que créait alors le Venezuela. Tant et si bien que *Le Figaro* apparaît pour ces raisons plus neutres que certains autres, tout en demeurant majoritairement négatif sur le gouvernement vénézuélien, sans surprise.

- La collecte des données se limitant aux résultats sortis après sollicitation de la barre de recherche des sites mentionnés et à une sélection manuelle, on ne peut exclure l'omission de certains articles en ligne, soit par manquement humain (ce qui peut arriver), soit parce que la barre de recherche ne les faisaient alors pas figurer dans les résultats (en tout cas au moment où la recherche a été effectuée). Dans ce sens, si omissions il y a eu, il est peu probable qu'elles aient

- eu un impact significatif sur les résultats finaux et les analyses fournies dans la partie précédente de ce livre.

- Cette étude prend en compte seulement sept journaux papiers et numériques. Leur influence est indéniable, mais ce travail ne doit pas contribuer à effacer celles de dizaines d'autres médias (notamment en ligne) qui participent de la même logique informationnelle contre le Venezuela. Bienvenu soit celui ou celle qui entamera le même type d'étude dans les champs de la radio et de la télévision !

Peu importe la façon dont on puisse le mener, ce travail a donc forcément impliqué la subjectivité de son auteur. Le reste des biais et limites possiblement posés par cette étude est laissé à l'esprit critique du lecteur. Cependant, il faut comprendre que cette étude a été réalisée en partant de l'hypothèse peu naïve (et désormais vérifiée donc) que les articles allaient être globalement négatifs, voire très négatifs à l'égard du Venezuela et de son gouvernement. La méthode employée et l'analyse réalisée ont donc été adaptées pour tenter de démontrer au maximum le contraire. Cela n'a pas été le cas.

Composition et mise en page par les équipes des Éditions Ampholia, label éditorial de l'association COHESIA Centre de coopération et d'échange international.

Dans le cadre de l'engagement écologique d'Ampholia/COHESIA, ce livre a été imprimé à la demande, évitant ainsi la production de stocks excédentaires et contribuant à la réduction des déchets liés à l'édition traditionnelle. Merci de soutenir cette démarche responsable.

Plus d'informations sur le site www.centro-cohesia.com.